青春文庫

30秒で人を動かす

ミロ・O・フランク［著］
上原裕美子［訳］

青春出版社

How to Get Your Point
Across in 30 Seconds or Less
by
Milo O. Frank

Translated by Yumiko Uehara
Published 2020 in Japan by
Seishun Publishing co. LTD.

はじめに

仕事も人生も大きく変わる！ 30秒の魔法

30秒のメッセージで、あなたのキャリアも人生も大きく変わる。

本書のタイトルを見て、「30秒で人を動かす？ そんなのあっという間で、何もできるはずがない」と思うかもしれない。だが、3分かけて語るより、30分、3時間かけて語るより、30秒のメッセージのほうが実は効果的なのだ。

聞き手の注意を引き、心をつかみ、要点を伝え、要求を通す——そのすべてを30秒で実現することができる。

私は、俳優事務所のエージェントやテレビのキャスティング担当責任者など、形式はさまざまながら、ずっとコミュニケーションにかかわる仕事をしてきた。それから脚本家として、監督として、プロデューサーとして、話し言葉と書き言葉の両方を駆使してきた。ビジネスパーソンや政治家を対象として、コミュニケーション能力を高める実践的ワークショップも開催している。

そうしたキャリアの中で、言葉で成功する人、失敗する人を数多く見てきた。うまくコミュニケーションができないせいで昇進できない社員。指示を的確に伝えられないせいで部下をまとめられない上司。立て板に水のごとくしゃべりまくるだけで、売り込みに失敗するセールスパーソン。中身のない演説をだらだらと続けるせいで再選を逃す政治家……。

彼らはみな、聞き手をただ退屈させるために多くの時間をかける。本当は、たった30秒で聞き手の心をつかめるというのに。

次の文章を声に出して読んでみてほしい。

「効果的で、説得力があって、簡潔明瞭なコミュニケーションの方法を学ぶのは簡単だ。本書は、聞き手の注意を引き、関心をつなぎとめ、グ

ッとくる話を聞かせ、自分の要求をハッキリ伝える方法を教える――。しかも、すべてをたったの30秒で。相手が同僚でも、家族でも、友人でも、秘書、会計士、会社の社長でも、要点を確実に伝えられるようになる。本書が示すシンプルなルールを身につけ、簡単なテクニックを活用してほしい。楽しく、時間の節約になるばかりか、これまで思ったこともないほど順調に成果が出るようになる」

これが「30秒メッセージ」の実践例だ。もちろん、ビジネスにおけるコミュニケーションのすべてが30秒ですむわけではない。時間をかけて信頼関係を構築することも重要だし、ビジネスが毎回同じパターンで展開されるわけでもない。だが要点を伝えるという点に限っては、30秒がもっとも効果的なのだ。聞き手に向き合う時間が5分でも5時間でも、それに違いはない。

一番大事な核心部分は30秒にまとめて、前後の時間は準備とフォローに使う。正しい30秒メッセージは、伝えたい要点を目的地へ、すなわち聞き手の頭に確実に届けて定着させる。いつでもどんな場所でも、注意を引きつけなければならない場面で30秒メッセージは効果を発揮する。

そのテクニックを身につけたあなたには、こんなメリットがある。

- **会話やプレゼンを正しい方向に導き、維持できる**
- **より論理的に、より簡潔明瞭に話を伝えられる**
- **面談や会議の時間を短縮でき、成功させやすくなる**
- **話を聞いてもらうチャンスが増える**
- **自信がついて、公私ともに人生で大きな成果を上げられる**

ビジネスの世界で、私が長年かけて学んできた中でもっとも重要なこと。それが「30秒メッセージ」だ。本書を読んで、ぜひあなたもその秘訣を学び、実践し、人生をよい方向に導いてほしい。

第1部 誰でも簡潔に、強力に思いを伝えられる7つのステップ

ステップ6

相手の頭にイメージを喚起する 74

ステップ7

終わらせ方で聞き手を動かす 88

第2部 話し方や見た目で損しないための実践テクニック

テクニック1 話の内容以前のちょっとしたコツ 98

テクニック 2

聞き手が千人でも緊張しなくなる方法 120

装丁　石間 淳
本文デザイン　FANTAGRAPH
本文DTP　佐藤 純（アスラン編集スタジオ）

第1部

ステップ0　なぜ30秒で伝えなければならないのか

ステップ1　明確な目標を設定する

ステップ2　聞き手を定め、その人を理解する

ステップ3　どうすれば一番伝わるか考える

ステップ4　フックを使って話に引き込む

ステップ5　話全体のテーマを組み立てる

ステップ6　相手の頭にイメージを喚起する

ステップ7　終わらせ方で聞き手を動かす

誰でも簡潔に、
強力に
思いを伝えられる
7つのステップ

ステップ 0

なぜ30秒で伝えなければならないのか

「(早く要点を言ってほしい……)」

「この文書は一体何が言いたいんだ? 長々と5ページも読んでられないよ」

「1時間も話を聞かされて、結局何を言ってるのかさっぱりわからなかった」

「会議で発言できるとしても、相手は手強い。手短にしなきゃならないし、伝えたいことが全部言えるだろうか」

「たった15分の面接で、どうやって言いたいことをわかってもらえばいいんだろう……」

現代はまったく忙しい。あなたも、こうしたセリフを言ったり聞いたりした覚えがないだろうか。要点を伝える理想的な時間は30秒だが、なぜ30秒かと問われれば、明確かつ説得力ある理由が二つ存在する。

〝ダラダラしゃべる人〟は嫌われる

一つ目の理由は時間的な制約だ。自分の時間だけでなく、説得しようとしている相手の時間も限られている。

私は映画とテレビにかかわる仕事を通じて、時間に対する感覚と嗜好の変化を目の当たりにしてきた。最近では、料理が即座に出てくるのも、車が速く走るのも、契約を迅速にまとめるのもすべて当たり前だ。

時間は誰のことも待たずにどんどん進んでいく。私たちは先へ行くためだけでなく、とり残されないためにも走り続けなければならない。そして、**スピーディーであるためには簡潔明瞭でなければならない**。

他人が自分をどう判断し、自分が他人をどう判断しているか、考えてみたことはあるだろうか。契約の成立も、仕事も、収入も、そして成功も、第一印象から大きな影響を受ける。ほんの一言二言の印象でイメージが固まって、あとはずっとそのイメージどおりに見られ続ける。

そもそも、一言二言しか話す時間を与えられないことも多いのだから、なおさらその時間を有効に活用しなければならない。ビジネスでも、その他のいかなる人間関係でも、生き残るため、前へ進むために、明瞭かつすみやかに要点を伝える必要がある。

人の意識はとかく移り気なもの

人間の頭が一度に把握できる情報は本当にわずかしかない。たとえ相手に時間がたっぷりあったとしても、要点を伝えるための理想的な時間は30秒である。

あなたはどれくらいの時間なら関係ないことに気を散らさず、人の話を集中して聞いていられるだろうか。逆にどれくらいの時間なら、相手にあなたの話を集中して聞いていてもらえるだろうか。

この問いに「4時間」と答える人もいれば、「4秒」と答える人もいる。営業会議の結果に意気消沈していたあるビジネスパーソンは、「同僚の注意の持続時間はゼロ秒だった」と嘆いていた。

たしかにそうだったのかもしれないが、それはふだんから彼の話があまりにも長く、あまりにもつまらないせいかもしれない。口を開く前から、聞く耳をもってもらえなくなっているのだ。

実験してみよう。部屋を見回して、デスクライトか何かに意識を集中してみる。きっと30秒もしないうちに、意識がほかのことに漂っていってしまうだろう。ライトが自動的についたり消えたりするとか、あるいは動いたりしゃべったりするなら、何とか30秒は関心を向けていられるかもしれない。だが、動きも変化もないライトが、あなたの注意をずっとつなぎとめておくことは不可能だ。

平均的な人間の注意力の持続時間は30秒。これが、話を30秒でまとめるべき二つ目の理由だ。

テレビ・ラジオのCMもすべて30秒

こうした特徴が何より明らかなのが、テレビコマーシャルとラジオコマーシャルの世界だ。メディアリサーチによって、平均的な視聴者、聴取者の注意持続時間は30秒であることがわかっている。あなたも私も、「注意持続時間は30秒」という理論にしたがって、日々メディアに接しているのだ。

テレビとラジオのコマーシャルは、基本的に長くて30秒。冷蔵庫の宣伝だろうが政治家による投票の呼びかけだろうが、30秒でその〝商品〟を売り込めなければ、コマーシャルのコンセプト自体を変更しなければならない。

私がコミュニケーション・ワークショップで30秒メッセージについて説明すると、聴衆からは必ずと言っていいほど「そんな短い時間で要点を伝えるなんて、できません」という声が上がる。

私はこう答える。「テレビやラジオのコマーシャルは、それができているじゃないですか」。**コマーシャルは視聴者の気を引くだけでなく、商品を説明し、い**

つどこで入手できるかまで教える。ある国内最大規模のカーディーラーの30秒テレビコマーシャルの例を見てみよう。

「ガルピンからのお知らせです。キャンピングカーをたくさん仕入れたのに、あいにくの雨で閑古鳥。在庫たっぷりのキャンピングカーを、ぜひ3日間のセールでお買い求めください。最大1万8000ドルの割引き。浮いたお金が数年分のバケーション代になるかも。最長12年ローンも可能です。実質年率11・9%、価格は16996ドルから。『ロサンゼルス・タイムズ』紙の金曜版でスポーツ欄を要チェック。さあ急いで! 見逃せないセールです」

結果は、同店で過去最高となるキャンピングカー売上の達成だ。このコマーシャルは、聞き手が知るべきすべての情報を注意の持続時間内に言いきった。

理解してほしいのは、30秒でも多くのことを伝えられるし、それを聞き手の記憶にとどめるのは可能だということだ。

そしてラジオやテレビにできるなら、あなたにだってできる。

溺れた子どもを助けた老人の強力なメッセージ

コマーシャルだけでなく、テレビやラジオのニュースもこの注意持続時間を利用している。私の友人であるニュース番組のアンカーは、こう説明する。

「人間の注意力の持続時間は限られているため、テレビのニュース報道は基本的に約90秒でまとめます。最初の30秒でレポーターが事件の概要を説明し、それから30秒でインタビューや現場の映像で実際の状況を示します。最後の30秒で、レポーターが内容を要約して締めくくります。現場で誰かにインタビューする際は、30秒以内で要点を話してもらわなければなりません。そうすれば、その部分の映像を抽出して使えるからです。相手が30秒以内に要点を収めてくれなかった場合、その素材は使えません」

友人はこうも語っている。

「**30秒で伝えられないなら、それ以上の時間があろうが、おそらく伝えられない**――私たちはそう考えています。コツさえ知っていれば、どんな要点でも30秒で十分言えるはずなのです」
例を一つ紹介しよう。ドラマチックな事件のニュースで、心に響くメッセージを伝えられた例だ。
ある老人が、7歳の子ども2人が溺れているのを見つけ、服を着たまま水に入って救助した。現場に駆けつけたテレビのレポーターがインタビューをすると、老人はまだ濡れた服のままで、こう語った。

「そう、65歳だよ。それが何だね？　泳げさえすれば、誰だって子どもたちを助けに行ったはずだ。私が何か特別なことをしたんだとしたら、それは別のことじゃないかと思うがね。60を過ぎたって人生は終わっちゃいない、と伝えられたかもしれん。まだまだ人の役に立てる、引退するかどうかは他人が決めるもんじゃないんだ、ってね」

実にパワフルなメッセージだ。要点もハッキリ伝わってくる。しかも、ごく普通の市民が全身ずぶ濡れでインタビューされるという状況で、これだけの名ゼリフを言った。コツさえわかっていれば、誰だって聞き手の心をグッとつかむメッセージが言えるという証明だ。

30秒メッセージは、時と場所を問わず応用できるごく基本的なツールだ。使い方さえ学べば、まるで昔から伝え上手だったかのように使うことができるだろう。そうすれば考え方も新しくなり、日々の思考や人との触れ合い方も大きく変わる。無意識のうちに準備して、必要なときにはいつでも30秒メッセージを駆使できるようになる。

たった三つの基本原則がわかれば、誰でも30秒メッセージの技術をマスターできる。次のページから、さっそく学習していこう。

ステップ1

明確な目標を設定する

『オズの魔法使い』に登場するドロシーには、「カンザスのおうちに帰る」という目標があった。カカシに、ブリキ男に、臆病ライオンに、そして最後の最後では魔法使いのオズに、ドロシーはそう語っている。彼女は、自分が何を欲しているかがわかっていたわけだ。

明確な目標をもつこと。これが、30秒メッセージの第1の基本原則だ。

目標のない仕事はない

目標というのはゴールのことだ。目指すべき到着地点、目的、狙い、ターゲット、そして存在理由と言うこともできる。**自分が達成したいこと、自分がそこにいる意義。結果につながる行動を起こすために必要なもの――。**

ビジネスの真面目な打ち合わせはもちろん、あらゆるコミュニケーションでこちらの要点を伝えようとする究極の理由、それが「目標」だ。

ビジネスにまつわる典型的な目標をいくつか並べてみよう。今のあなたが目指しているものが入っているかもしれない。

- **上司に自分のアイデアを売り込む**
- **休暇をとる**
- **会社の祝賀会でうまく乾杯の挨拶をする**
- **顧客に商品を売る**

・任されている部署の生産性を高める

目標がないと会話は〝グダグダ〟になる

ところが、目標が不明確だったりまとまっていなかったりするせいで、実に驚くほど多くの機会がムダになっている。

中間管理職のマーク・ラーセンは、部署の業務効率向上のため、予算の補助が得られることを知った。そこで予算配分担当の副社長にアポをとる。だが実のところ、マークは自分が何を欲しているかよくわかっていない。目標がまとまっていないのだ。副社長との面談はこんなふうに展開される。

マーク：部署の生産性を向上する方法を、以前から検討しておりました。
副社長：頼もしいな。それで具体案は？
マーク：新しいソフトウェアの導入です。作業をスピードアップできます。
副社長：それは予算に収まらないかもしれない。ほかの選択肢はないのか？

マーク：もうひとりアルバイトを雇えば、それでも効率が上がるでしょう。
副社長：きみはどちらがいいと思う？
マーク：わかりません。もしかしたらアルバイトではなく、レベルを一つ上げてアシスタントの起用を検討すべきかもしれません。
副社長：それもありえるということだな。コスト面での比較はどうなっている？
マーク：わかりません。計算してからご報告いたします。

1週間後、マークが数字を整理して副社長のもとを再び訪れたとき、もう予算は別の部署に割り当てられてしまっていた。目標をしっかり整理して示せなかったせいで、必要としているソフトウェアも、アルバイトも、アシスタントも得られなかったばかりか、その会社で彼の未来を左右しうる人物に、「頼りない」という印象を与えてしまったのだ。

自分が何を求めているかを知る

マークの面談をやり直してみよう。今回の彼は自分が何を求めているかハッキリ理解しており、目標を一つに絞っている。

マーク：部署の生産性を向上する方法を、以前から検討しておりました。

副社長：頼もしいな。それで具体案は？

マーク：新しいソフトウェアの導入です。作業をスピードアップできます。費用はかさみますが長期的には時間とコストの節約になるので、1年半で元がとれます。数字をこの書類にまとめました。

副社長：もっと安上がりな選択肢はないのか？

マーク：もうひとりアルバイトかアシスタントを雇うという選択肢もありますが、最終的な結果は違ってきます。コストを比較して内訳を出しました。

副社長：きみは、ソフトウェア導入のほうがいいと思うわけだな？

マーク：そうです。使用方法については、メーカーが無償で研修を提供します。

副社長：よし、この数字を次の予算委員会にかけて、検討してみよう。

ハッキリ一つに絞った目標があったおかげで、マークは無事にソフトウェアの導入を実現し、「自分が目指すものを自分できちんとわかっている人物」として経営陣の評価を得ることができた。私の経験から言って、ビジネスに携わる人の多くが――業界や政治のリーダーでさえも――自分の目標を自分できちんと把握していない。あるいは、目標の設定が低い。後者の場合は、仮に達成してもそもそも望みが完璧には満たされないような目標を設定している。

目標を明確に定めなければ、要点を伝える最初の一歩を踏み出すこともできない。では、どうすればそうした目標を定められるだろうか。

「なぜ」をキーワードに探してみる

自分に次の質問を投げかけてみよう。

- **なぜ、自分はそれを目指そうとしているのか？**
- **具体的に何を達成したいのか？**

⬇なぜ、そのことを話し合いたいのか？
⬇なぜ、この文書を書きたいのか？
⬇なぜ、その人と打ち合わせをしたいのか？
⬇なぜ、その面接を受けたいのか？
⬇なぜ、その会議の対策を練りたいのか？

出てきた答えのうち二つ以上が同じだったら、それがあなたの目標だ。**目標は一つに絞られていなければならないし、明確かつ具体的でなければならない。**

目標が見つかったら、あらためてその内容を見直してみる。ほとんどの場合、見直しの基準として使うべきキーワードは、「なぜ」だ。「なぜ」に対する答えがハッキリ出て目標がクリアになったら、達成するために「どう言うべきか」を考える。定めた目標に、確実につながっていく言葉が必要だ。

いくら考えてもいくら書いてみても、その言葉が目標の達成に結びつかない、補強しない、貢献しない場合は、振り出しに戻って考え直さなければならない。そしてこの目標こそが真実だと確信できたら、そこからブレてはいけない。

このステップのまとめ

- 30秒メッセージをつくる第1の基本原則は、「一つに絞った明確な目標をもつこと」。
- 目標とは、「目指すべきゴール」や「自分が達成したいこと」。
- 目標は、一つに絞られていなければならない。
- 「なぜ」をキーワードに探すと、自分の目標が見えてくる。

ステップ2

聞き手を定め、その人を理解する

想像してみてほしい。時は戦時中。あなたはいま海上から、ある島への上陸作戦を指揮している。すでに揚陸艦を送り込む準備は整った。真夜中で、あたりは漆黒の闇だ。月も星も出ていない。冷たい小雨が降っている。

そろそろ作戦を実行に移す時間だが、島の情報は何一つ得られていない。敵の手に落ちているのかどうか。敵軍が待ち構えているのか、いるとしたら何人なのか。島の要塞と兵士の武装はどれくらい固められているか。そもそも島の地形はどうなっているか——。

まずは第1部隊だけ送り込むべきか。全体で上陸すべきか。援軍は呼ぶべきか。火炎放射器をもっていくか、それとも対戦車砲が必要か。

このような状況で、何をすべきかをどうやって決められるというのだろう。

こんな仮想シナリオはばかばかしい、非現実な話だとあなたは思うかもしれない。だがビジネスにおいて、あなたも一度ならず、「未知の地形」に目をつぶったまま突っ込んでしまった経験はないだろうか?

取引先の情報が何もない状態で、重要な会議、電話、交渉に臨んでしまう……。たとえ一つに絞った目標があっても、「この人に訴えれば自分が求める結果に結びつく」という確信がもてない相手と交渉して、何の意味があるだろう?

仕事、アドバイス、支援、お金、そして情報など、こちらが欲しいものをもっている相手を選び、相手のことを理解して的確に話しかけなければ、そのメッセージは何の効果ももたない。

自分は誰にこの話をすべきなのか。聞かせる相手はどんな人なのか。聞き手を選び、聞き手が何を求めているのかを知る。

これが、30秒メッセージの第2の基本原則だ。

誰が希望を叶えてくれるのか

自分の目標を見極めたら、誰が自分の望みを叶えてくれるのか、厳密にたしかめなければならない。

昇給を受けたいなら自分の上司に話す。商品を売り込みたいなら、誰が発注の権限を握っているのか調べる。お客様相談室のテレフォンオペレーターが役に立たなかったら、その上司と話したいと求める。保険金請求をしたのに対応してもらえなかったら、その保険会社や代理店の責任者のところに行く――。

自分が求めるものを与えてくれる相手を選ぶのだ。

もちろん、本当の担当者にたどりつくまでに、担当者ではない人物と話さなければならないこともあるだろう。その場合でも、実際に話している相手のことをできるだけ把握しなければならない。職業、職種、責任の内容と範囲。これまでの経歴。関心や趣味の対象。もしかしたら共通点が見つかるかもしれない。

たとえば私はテニスをするので、相手がテニスをするとか、テニスをしていたとわかれば、テニスに関する雑談をして、話のきっかけにする。

あなたが話そうとしている相手は、その仕事で強く安定した立場にあるだろうか。どの程度の権限をもっているだろうか。細かいことにうるさいタイプか、ビジネスの特定のポイントについてこだわりがあるのか。控えめなほうか、社交的なほうか。ユーモアを楽しむ傾向があるか――。

こちらの要求実現に向けて計画を立てる際、自分が話す相手の情報を知っていればいるほど、それがおおいに役に立つのだ。

聞き手になりきって考えてみる

相手（ひとり、もしくは複数）の情報を可能な限り把握したら、一番重要なポイントとして、**相手が〝自分に〟何を求めているかを見極める。**

銀行で副支店長を務めるリチャード・ランドールという男が、支店長の座が空くことを知った。彼は昇進したいと思い、人事決定権のある役員に面談を申し込んだ。彼の「目標」は昇進で、「目標を叶えられる相手」が役員だ。そこで、その役員について集められるだけの情報を集めたところ、こんな人物だということがわかった。

・ワーカホリック（仕事中毒）である
・ずっと銀行業界でキャリアを築いてきた
・最初の仕事は窓口係だった
・顧客への礼儀作法に厳しい
・部下の面倒見がよい
・向上心のある人間に好感をもつ
・自分に自信があり、また同じように自分に自信のある人間に好感をもつ
・銀行内のすべての業務を把握しており、役職に就く者ならそうあるべきだと思っている
・金銭ずくで動くことはない

説得に成功して昇進を受けるには、この役員のニーズと関心に応えなければならない。リチャードはそう理解した。

だとしたら、次の問いは「役員は〝自分に〟何を求めるか」だ。役員になったつもりで考えてみると、こんな答えが浮かび上がってきた。

- **支店長のポストを与えるべき相応の理由が知りたい**
- **その責務をどの程度熟知しているのか、見極めたい**
- **ほかの候補者より適任であると判断する理由がほしい**
- **彼（自分）がその責務をこなせると思っている根拠は？**
- **どの程度自信をもっているのか、見極めたい**
- **そのポストに就くことには、彼にとってどんな意味があるか**
- **そのポストに就いて、部下や顧客とうまくやっていけるか**
- **面談のプレッシャーのもとで彼がどう対応するか**
- **彼はどのくらい向上心をもっているか**
- **彼の人間性や知性、才覚を知りたい**

ここまで考えたことで、自分が求める内容だけでなく、役員が自分に求める内容も整理できた。この理解こそ、成功する30秒メッセージの基盤だ。

役員の期待を把握したことで、彼に好印象を与えるためのポイントも見えてきた。自分が支店長の器であると示せるかどうか。しかも、面接自体が何分に及ぼうと、こうした要点を30秒以内で伝えられなければならない。

本番の面接で、リチャードは自分の知識、専門技術、熱意、そして自信のほどをしっかり強調した。つまり、自分は支店長の器である、と印象づけることに力を入れたのだ。

自分に好印象を抱く要素を見つけ出す

実は、リチャードのシナリオには少し工夫がしてあった。役員が関心をもつのは自分の能力だとわかっているが、それとは別に、役員が大のソフトボールファンであることもわかっている。銀行のソフトボール部の支援もしているほどだ。

そこで面談の場では、知識、専門技術、熱意、自信に加えて、自分が投手としても有能であることを伝えた。すべて30秒以内で。

そして彼は見事、支店長の座を勝ちとった。

希望の職につきたい、希望の給料をもらいたい、休暇がほしい、同僚の協力を得たい、寄付をしてほしい、あるいは返品と返金をしてほしい——。

求めるものが何であろうと、30秒メッセージの内容を練る前に、まずは**自分が誰にその話をすべきかを見極めなくてはならない。そして、相手が自分に好印象を抱く要素を最低でも一つ、見つけ出さなければならない**。

暗闇の中で的を狙っても、成果は期待できない。情報を集めて的を照らせば、自分がどこを狙って、何を求めているかがハッキリ見えてくる。

30秒以内で見事に的を射抜きたいなら、その情報が欠かせないのだ。

ステップ2 聞き手を定め、その人を理解する

このステップのまとめ

- 30秒メッセージの第2の基本原則は、「聞き手を選び、聞き手を知ること」。
- 自分の希望を叶えてくれる人を正しく認識しないと、どんなメッセージも意味がない。
- その相手の情報をできる限り集める。情報は多いほど役に立つ。
- 訴えを聞いてくれる相手のことを理解し、その人が自分に何を求めるか、なるべく具体的に書き出す。
- 趣味や性格など、相手に好印象を与えられそうな要素を探し出そう。

ステップ3

どうすれば一番伝わるか考える

オズの国に飛ばされたドロシーは、愛犬のトトと一緒にカンザスのおうちに帰りたかった。カカシは脳みそが欲しかった。ブリキ男は心が、臆病ライオンは勇気が欲しかった。これが彼らの「目標」だ。

そして一行は、願いを叶えてくれる唯一の人物が魔法使いのオズであることを知っていた。オズは、4人が願いを訴えるべき「正しい聞き手」だ。そうなると、当面の課題はオズのいるエメラルドシティへの行き方を知ること。そこで黄色いレンガの道を進もうと決める。4人の「正しいアプローチ」だ。

正しいアプローチをしっかり練ること。これが30秒メッセージの第3の基本原則だ。

目標にたどり着くたった一つの道

正しいアプローチとは、最善の方法で目標に結びつく考えや文章のこと。前提、基盤、コンセプト、推進力、戦略、作戦なども呼ばれる。**正しいアプローチは建物にとっての土台であり、問題の核心であり、身体の骨格である。**

30秒メッセージで目指すものを見定め、メッセージを聞かせるべき相手を見極めたら、次にそこへたどりつく最善の方法を決めなくてはならない。

最善の方法、すなわち正しいアプローチだ。

目標と相手を念頭に置いたうえで、次の問いについて考えてみていただきたい。ただし、答えは一文でまとめてほしい。

- **自分は何を話そうとしているか？**

- **作戦の土台になる話題は何か？**
- **話そうとしていることの核心は何か？**
- **求める目標にたどりつく、最適な言葉とは何か？**
- **自然に論を展開するには、何を軸に話をすればいいか？**
- **目標に関連する重要事項では、他に何を話せばいいか？**
- **聞き手のニーズと関心に関係のある切り口は何か？**

出てきた答えのうち、同じ文章が三つ以上あっただろうか。それは目標に結びつき、聞き手のニーズや関心ともつながっているだろうか。だとしたら、それがあなたの正しいアプローチだ。

ステップ2で登場した銀行の副支店長、リチャード・ランドールを思い出してみよう。彼は支店長ポストへの昇進を望んでおり、事前に準備をした。面談で会う役員の情報を集め、伝えるべきポイントを整理した。彼が選んだアプローチは、自分の知識、専門技術、熱意、自信を強調することだ。

目標達成に至るアプローチの選択肢は無限だ。想像力の許す限り、さまざまな方法が思いつく。だが、明確な目標は一つでなければならないのと同じように、**アプローチも一つに絞らなければならない**。リチャードは別の方法を選ぶこともできただろう。「妻子を養うために、もっと稼がなければなりません。だから昇進したいんです」と訴える手もあった。だがリチャードは、そのアプローチでは成功の可能性が薄いとわかっていた。それでは役員の希望やニーズに響かないからだ。リチャードは、正しいアプローチを選んだのである。

言い方一つで希望は叶う

カリブ海沖合の沈没船に財宝が眠っている。あなたの目標はそれを手に入れることだ。ところが方法がわからない。計画や方法を伴わない目標に何の意味があるだろうか？　方法とは、すなわちアプローチだ。目標があっても、正しいアプローチがなければ始まらない。

とりあえず朝になったので家を出てみることにする。ヘリコプターか、さもなければラクダか、はたまたローラースケートで、とりあえず進んでみよう。しかし、自分がどこへ向かっているのかはわからない――。

アホらしい？　そのとおり。このアホらしい姿こそ、目標をもたないアプローチの典型的な姿だ。そしてアプローチがあっても、目標がなければ始まらない。

目標とアプローチはリンクしている。目標が、それを達成するためのアプローチを決めるのだ。ひとたび正しいアプローチが定まると、今度はそれが安全ベルトの役割を果たす。アプローチを明確かつ的確に、ひとことで言えるようにしておけば話を忘れることはない。訴える相手がひとりでも大勢の観客でも、目標達成へ向けた軌道からブレることもない。

明確な目標をもち、正しいアプローチをもっていることの力を、私は常日ごろから実感している。あなたも実践を重ねるほど同じことを実感するだろう。公私いずれのシチュエーションにも応用できる、アプローチ方法の例を挙げよう。

部下↓上司　目的　昇進する
アプローチ「会社の存続のためにはリーダー育成が必要です」

不満のあるお客↓店員 目的 返金または交換をしてもらう

アプローチ「お宅のようなちゃんとした会社なら、商品には責任をもっていますよね」

部下↓上司 目的 昇給を受ける

アプローチ「会社に対する私の貢献は、形として示しています」

上司↓部下 目的 昇給の希望は却下しつつ、部下をつなぎとめる

アプローチ「何事にもタイミングがあるんだよ」

セールスパーソン ↓ 顧客

目的 妻の記念日のプレゼントとして、顧客にダイヤのイヤリングを購入してもらう

アプローチ「奥様への愛情を表現するピッタリの方法です」

顧客 ↓ セールスパーソン

目的 一番お得な値段を引き出す

アプローチ「この商品は気に入ったんだが、予算が厳しくてね」

自分が「何を」求めているか、「誰が」それを実現できるのか、そして「どうすれば」それを実現させられるのか。この三つをしっかり心得ておくことが、口頭でも文章でも、コミュニケーションにおける基本中の基本だ。

もっとも効果的なコミュニケーション、すなわち30秒メッセージの「基本3原則」である。しっかり理解して準備をすれば、この3原則すべてを活用できる。

自分と聞き手、両者にとっての利益を探す

半年前にとれなかった2週間の休暇をとりたいと思っている、ベン・ホリスターというマーケティング・マネージャーの例で考えてみよう。彼の目標は休暇をとることだ。休暇取得の許可を出せる上司は、マーケティング部の副部長。では、どうアプローチするのがいいか。彼が上司の前で実行したプレゼンを読んで、彼のアプローチが何だったのか考えてみよう。

「心身ともに疲れた状態では、マネージャーは務まりません。休暇は私にとって貴重であるだけではなく、副部長にとっても決して損にならないことです。

私が身を粉にして働き、この仕事に情熱を感じていることは、評価してくださっていると存じます。でも今は、疲労がたまってしまっています。この情熱と熱意を失わないためにも、充電時間が必要です。もちろん、休んでいるあいだに不都合がないよう配慮してあります。緊急事態が起きてもアシスタントが対処でき

ますし、不測の事態があれば、私が代わって対処するつもりです。つきましては、２週間の休暇をいただけますでしょうか。できれば来月の初めに。そうすれば今から２週間半で、すべてつつがなく準備しておけます。休暇から戻りましたら、これまでの倍のエネルギーで仕事に励む所存です。水曜までにお返事をいただけますと幸いです。どうぞよろしくお願いいたします」

ベンのアプローチは、「休暇は自分だけではなく、副部長にとっても価値がある」というものだった。この言い方を選んだ理由は、自分の目標と、上司のニーズや利益、その両方を満たすからだ。それを30秒で収まる口上にまとめている。

もちろん、ベンはいきなり上司のオフィスに押しかけて、演説のごとく30秒メッセージをたたみかけたわけではない。自分の言いたいことを入念に整理したうえで、まずは休暇の話題を出し、それから自分の希望を告げた。文書で休暇申請をしたとしても、基本的には同様のアプローチをとっただろう。

彼は30秒メッセージの基本原則をマスターしていた。あなたにもきっとできるはずだ。

このステップのまとめ

- 「どうすれば」目標を実現できるのか。
  これを見きわめることが、
  30秒メッセージの第3の基本原則。

- 正しいアプローチとは、最善の形で
  目標達成につながる一つのアイデア、
  一つの文章のこと。

- 目標とアプローチはリンクしている。
  明確な目標という土台があってこそ、
  正しいアプローチが決まる。

- 聞き手にも自分にも利益があることを
  示せると、有効なアプローチになる。

ステップ

4 フックを使って話に引き込む

気を引いて、じらして、夢中にさせて、心をつかんで、忘れられなくさせる力を発揮するもの。その商品を購入させ、チャンネルを変えずにその番組を見続けさせ、その本を読み進めずにいられなくさせるもの。それが、フックだ。

世の中はフックであふれている

フック（鉤《かぎ》、引っかける道具）とは、注意をとらえる狙いで使う言葉やモノの

こと。昼間でも夜でも、テレビを観ているときも、新聞や本や雑誌を読んでいるときも、看板を見るときにも、フックはあなたの前にぶら下がっている。

テレビでアクションものの番組を放送するとき、まず映るのは思わず息を呑むような緊迫のアクションシーンだ。銃をぶっぱなしたり、車が大破したり、人が建物から落下したり——。プロデューサーはもっとも手に汗を握る場面を選んで、それを前面に押し出す。あなたは引き込まれ、夢中になる。

テレビコマーシャル、ラジオコマーシャルもフックを使う。

「おいしいポテトチップスをつくるのはポテトじゃありません。切り方です」

「こういうこと、よくありますよね。いつものゴミ袋に穴があいて、ゴミがダダ漏れ！」

あなたは商品を記憶し、次に店で見かけたとき、思わず購入する。

また、新聞はつねにフックを使う（彼らはそれを見出しと呼ぶ）。書籍でもフックが使われる。編集者は、読者の気を引いて読みたい気持ちにさせようと、タイトルや見出しをあれこれ工夫する。

誰かに話しかけるなら、最初にしなくてはいけないことは——相手が部下でも、同僚でも、上司でも、役員会の会長でも——その人の注意を引くことだ。そして気を引いて、誘惑して、じらして、うっとりさせて、夢中にさせて、引き込んで、心をつかんで、忘れられなくさせなければならない。30秒メッセージの先頭にフックを仕込んで、相手の心をがっちり引っかけるのだ。

自分のフックを見つける方法

30秒メッセージのフックを見つけるために、次の質問について考えてみよう。

- **この話題の中で、一番奇妙に響く点はどこか**
- **それを一言で言うとしたら何か**
- **この話題の中で、一番面白い部分はどこか。それを一言で何と言うか**
- **一番ドラマチックな部分はどこか。それを一言で何と言うか**

- **一番ユーモラスな部分はどこか。それを一言で何と言うか**

一言で言えたら、それがあなたのフック候補だ。では、そのフック候補について、次の質問を考えてみよう。

- **そのフックは、実現したい目標につながるか**
- **そのフックは、聞き手に関連があるか**
- **そのフックは、伝えるために選んだアプローチとかみ合っているか**
- **そのフックは、聞き手をワクワクさせるか。興味を抱かせるか**
- **そのフックは、30秒メッセージの冒頭の一言になるか**

この要件を一番よく満たすフック候補があれば、それがあなたの使うべき武器だ。ただし、フックを見定めるには、最後にもう一つポイントがある。

その最後のポイントとは、フックを断言という形で押し出したほうがいいか、質問という形で提示したほうがいいかを判断することだ。

ひとまず両方の文をつくってみよう。どちらも使えるかもしれないが、私なら可能であれば質問形式を選ぶ。効果が2倍になるからだ。フックは関心を引くためのものだが、**人は何かをたずねられると思わず注意を向けやすい**。次の二つでは、どちらに興味をそそられるか考えてみてほしい。

「優れたマネージャーには共通する能力があります」
「優れたマネージャーに必ず共通する能力とは何でしょうか？」

私が選ぶのは2番目のほうだ。

効果的なメッセージは美しい

断言か質問か決めたら、あとはそのフックを使うだけだ。ただし、**フックを質問形式にしたら、答えを提示するのを忘れてはいけない**。30秒メッセージの中で、「優れたマネージャーに共通する能力とは、効果的な自己アピールと自己主張の力です」という答えに言及するのだ。

アーノルド・ブレントという企業幹部の例で考えてみよう。彼はシニア（上級）マネージャーたちを集めて話をすることになっている。伝えたい内容は、会社の長期的な成長と繁栄を支える優れたリーダー育成の重要性だ。

シニアマネージャーたちの中には、いつか自分を蹴落とす人材の育成に、意識的または無意識のうちに不安を感じる者がいることがわかっている。一方で、シニアマネージャー全員が、来るべきときにきちんと退職金を受け取れるかどうか不安に思っていることもわかっている。そこでアーノルドは慎重にアプローチを検討した。彼の選んだアプローチはこうだ。

「レベルの高いリーダーの育成は、我々の福利厚生の保障につながる」

では、そのアプローチを展開するにあたって、どのようなフックを使えばいいか。次の二つのうち、冒頭のセリフとして効果的なのはどちらだろうか。

「我々は有能なリーダーを育成しなければならない」

「自分が引退するとき、誰がその座に就くか、その意味を真剣に考えているだろ

うか？」

2番目のセリフを選んだあなたは正しい。1番目のセリフは平凡で、これでは聞き手の興味をかきたてられない。関心をもたれることもなく、メッセージは伝わらない。それに対して2番目のセリフのほうは、聞き手の注意を引きつけて、メッセージ全体へ引き込むことができる。アーノルドがつくったフックのメッセージを聞いてみよう。

「自分が引退するとき、誰がその座に就くか、その意味を真剣に考えているだろうか？　私はおおいに気にしている。我々の引退後に会社を支える優れたリーダーを育成することは、退職金と株価を守るという意味で、我々にとって大きな安心材料を準備することでもあるからだ」

アーノルドが選んだフックは、伝えたい内容（目標）に結びついているし、アプローチともかみ合っているし、聞き手とも関連がある。フックは、簡潔かつドラマチックに効果を発揮したのだ。

フックにユーモアを利用するには

フックはシリアスなものでもいいし、ドラマチックでもユーモラスでもいい。だが最低限、興味をそそるものでなければならない。**退屈なセリフでは関心を引くことができない**からだ。

とはいえ、私のワークショップの参加者にもときどき、真面目なメッセージをユーモラスなセリフやドラマチックな表現で切り出すことに抵抗を感じる人がいる。「ショービジネスをやってるわけじゃないんですから」。私の答えはこうだ。「好むと好まざるとにかかわらず、効果的に物事を伝えたいなら、あなたはショーをやることになるんですよ」

フックがドラマチックなら、そのメッセージ全体がより効果的になる。ユーモアをうまく使えれば実にパワフルなツールになり、見事に聞き手の関心を釣り上げられる。ただし、センスに相当の自信があるのでもない限り、安易にジョークに頼るのはやめたほうがいい。

ジョークで人の気を引こうとしても、どんな反応が起きるかわからない。フックとしてのユーモアは一般的な逸話にするか、自分の実際の体験にするのがベストだ。それなら無理に一文で言い切らなくてもかまわない。

一つ例を挙げよう。ビバリーヒルズのホテルでワークショップを開催したときのことだ。広く上品な部屋に6人の企業幹部が集まっていた。関心を引くシンプルなフックの一文をつくってみるよう促したところ、若い女性参加者が「たった今、部屋をネズミが横切りました」と言った。

私が「それは、今まで聞いた中でも、かなり優れたフックです」とほめると、彼女はこう言った。

「フックですけど、事実でもあるんです」

本当だった！　一流企業幹部の関心を一度につかんだのだから、このネズミはネズミ界最高のプレゼンターに違いない。

ユーモラスな逸話や体験談は優れたフックになる。ただし条件が二つ。話の目的、そして聞き手、その双方に直接的に関連した内容であること。それから、伝えたい要点につながるものであること。それを満たしていれば、ユーモラスなフックは30秒メッセージを聞き手の記憶に残す。

言葉ではなく、見せるフックが最高の効果をもたらすこともある。

私が知る限りで一番見事な視覚的フックを使ったのは、カリフォルニア大学ロサンゼルス校（ＵＣＬＡ）の教授だ。大都市の建築について講演することになっていた教授は、舞台で派手にコケた。しかし彼は満面の笑みで立ち上がり、「さあ、全員がこっちを向いてくださったところで」と、講演をスタートした。

あなたもそこまでやるべきだ、というわけではない。だが、いくらメッセージを30秒にまとめても、聞き手や読者の関心を即座に引きつけられなければ、そのメッセージは伝わらないのだ。

思わずハッとさせられるフック

フックは一文の断言形式、または一文の質問形式で言うこともできる。

たとえばサンディエゴ動物園が「絶滅してしまえばそれっきり」というキャッ

チコピーを掲げたことがあった。ごくごく短いセンテンスながら、目標を伝えているし動物園のアプローチも示しているし、関心を引きつけるフックになっているし、単独でメッセージとしても成立している。

フックですべてを伝えた例をもう一つ紹介しよう。

ベッドでは……

本を読んでもいい。身体を休めてもいい。眠ってもいい。電話をかけてもいい。朝食をとってもいい。テレビを観てもいい。音楽を聴いてもいい。ストレッチをしてもいい。いびきをかいてもいい。隠していたおやつをこっそり食べてもいい——ほかに誰もいないなら。

それからもちろん、パートナーとあたたかな時間を過ごしてもいい。

だけど絶対にしちゃいけないのは、ベッドでタバコに火をつけること。

ほんのちょっと、うとうとしようものなら、あなたの素敵な夢はすべて煙になるのだから。

R・J・レイノルズタバコ会社

いざというとき「ネタ帳」が役に立つ

いいフックになりそうな逸話や個人的体験があったら、手帳やノートに書きとめておくといい。これが思わぬときに役に立ち、30秒メッセージで、あるいは30秒もかけずに要点を伝えてくれるかもしれないからだ。

私は以前、ワシントンD．C．で夜7時ごろ仕事を終え、ホテルまで歩いて帰った。くたびれていたが、むしろ歩くほうが身体をほぐせる気がしたのだ。退役軍人管理局の建物の前を通ったとき、壁に彫ってあった言葉に目がとまり、それを手帳に書きとめておいた。

それから1年後、「全国エネルギー週間」に合わせてテレビとラジオのコマーシャルを制作することになった。台本執筆、プロデュース、撮影・録音の監督までが私の仕事だ。何かいいフックが必要だった。そこでネタ帳を開き、例の言葉を見つけて、それをもとにコマーシャルをつくった。

ワシントンにある退役軍人管理局の建物の石壁に、エイブラハム・リンカーンの言葉が刻まれています。

「戦争の犠牲となった人々、夫を失った妻、父を失った子供たちにいたわりを」

この国の戦争で命を落とした男たちは、自由の価値を信じていました。今の私たちが享受している、偉大なる国、自由な国をつくろうとしていました。こんにちでは、自由も、そしてエネルギーも、同じように当たり前のものとして使われています。

3月15日から21日は全米エネルギー週間。私たちの自由を守るエネルギーの大切さをあらためて考える期間です。

アメリカが独立宣言で自由を宣言したように、エネルギーの意味を訴える宣言をつくりました。ぜひ読んで、あなたの力を貸してください。

私のフックのネタ帳はおおいに役に立った。あなたもきっと、ネタ帳に助けられるときが来るだろう。

このステップのまとめ

- フックとは、聞き手の注意をつかむ狙いで使う言葉やモノのこと。
- 自分が話す内容のドラマチックな部分、面白い部分を見つけて、それがフックに使えるか検証する。
- フックは目標と聞き手、選んだアプローチがかみ合ったものでなければならない。
- 質問形式でフックを切り出すなら、必ず答えも提示すること。
- 逸話や個人的体験はいいフックになる。
- フックのネタ帳をつくろう。

ステップ5

話全体のテーマを組み立てる

聞き手とコミュニケーションをとるためのステップは、三つの「つ」で表せる。

「つ」かまえて、「つ」なぎとめて、「つ」りあげる（釣り上げる）

フックを使って聞き手を「つかまえ」たら、次は注意を「つなぎとめ」て、それから説得によって完全に相手の心を「釣り上げ」なければならない。

優秀な法廷弁護士は、陪審員に向けた弁論を準備するにあたり、まずは陳述の構成を練る。陳述の冒頭では、判事と陪審員の注意をグッと引きつけなければならない。つまりフックが必要だ。陳述の最後では、依頼人の代理として無罪を申し立て、依頼人に有利な判決を懇願しなくてはならない。

そして、切り出しのフックと最後の懇願の中間に入るすべてが陳述の本体、メッセージのテーマ（主題）の部分だ。30秒メッセージにおいても、この**テーマで自分が伝えるべき要点を説明し、補強し、ハッキリと例証しなくてはならない**。

そのために必要になってくるのが、誰でも知っているスピーチの基本要素、いわゆる**5W1H**である。「何を（WHAT）」「誰が（WHO）」「どこで（WHERE）」「いつ（WHEN）」「なぜ（WHY）」「どのように（HOW）」。この5W1Hのどれか、あるいはすべてを、メッセージのテーマでしっかり打ち出すのだ。

5W1Hに当てはめていくだけ

次ページにある第3段階の要件をきちんと満たしているなら、それをメッセージのテーマに使うことができる。組み合わせや順番は自由だ。

テーマのつくりかた

［第1段階］（30秒メッセージの基本3原則）
- 自分のメッセージの目的を見定める
- 聞き手を見定める
- アプローチを見定める

［第2段階］
第1段階を踏まえて、次の質問を自問してみよう。
- 自分は「何を」話そうとしているのか（WHAT）
- この内容には「誰が」かかわってくるのか（WHO）
- この内容は「どこに」関係があることなのか（WHERE）
- この内容は「いつ」起きる／起きたのか（WHEN）
- この内容は「なぜ」生じる／生じたのか（WHY）
- 私はこの内容に「どのように」対応するつもりなのか（HOW）

［第3段階］
第2段階の答えを、次の問いに照らして考えてみよう。
- メッセージの目的を説明しているか。補強しているか
- 聞き手にとって関係があることか
- 自分が選んだアプローチとかみ合っているか

テーマはできるだけ正確に、力強く

ためしに、5W1Hを全部入れた30秒メッセージの例を考えてみよう。

ある会社が、投資家や投資会社への説明会を開くことにした。今、目の前に居並ぶ面々に投資の決断をさせるべく、幹部の一人が口を開くところだ。まずはフックで相手の関心をつかまえる。

「弊社の株価は今年度中に倍になるでしょうか？　可能です。いえ、実際にそうなると私は確信しています」

次に、自分が選んだアプローチを展開し、聞き手をつなぎとめる。

「何しろ、弊社のビジネスは今まさに急成長中なのです」

そう言って、聞き手の心をグイッと釣り上げるため、今のアプローチをさらに説明、補強、証明する。

「昨年度の決算もそれを証明しています。昨年は創業以来の最高の年で、売上高・利益とも記録を塗り替えるものでした。アメリカ最大の市場においてシェアを独占し、今も手を広げ続けています。市場に完全にマッチした商品でビジネスをしているからです。今年度の売上高もすでに昨年の数字を超えました。このタイミングで弊社の株を買っていただき、弊社の快進撃にぜひ加わっていただきたいのです。私個人も買い増しをしましたが、さらに買い足すつもりです」

幹部は聞き手に5W1Hをハッキリと伝えた。何を話しているのか、どこに・いつ・誰にかかわる話なのか。どのように進歩しており、それはなぜなのか。おわかりだろうか。もう一つ別の30秒メッセージも見てみよう。

ある会社で産業医を務める医師が、定期健診をないがしろにする部長に、こう説得を試みる。

「最後まで若々しいまま、長生きして寿命をまっとうしたいと思いませんか。それを叶える方法が予防医療です。心臓発作というのは、心臓が主人に怒っている証拠なんですよ。心臓をちゃんといたわってあげていれば、発作は防げます。定期的に運動して、タバコをやめて、脂肪の多い食べ物は避けて、週に一度は完全にリラックスする日をつくる。それだけのことです。こんな簡単なことを心がけていれば、心臓は怒ったりしません。部長にはぜひ健康でいていただかなくては。具合が悪くなってからなどと考えずに、健診を受けてください。結果は翌日にはわかりますから、食事と運動の計画を一緒に立てましょう」

シンプルで、明確で、30秒以内に収まっている。医師は自分のメッセージの目標と、聞き手と、アプローチをきちんと理解していた。「何を」伝えたいのか（予防医療）を打ち出し、「誰に」関係があるのか（部長自身）ハッキリさせた。そして、「どこに」「なぜ」「いつ」にかかわる情報と、「どうやって」健康を維持するのかを教えた。重要な5W1Hを網羅して、30秒メッセージのテーマを組み立てたのだ。

30秒メッセージの中で、一番多くの時間を割くのがテーマ部分だ。ここで伝えたい要点を説明し、フックとして投げかけた問いの答えを提示し、自分が成し遂げたい物事を解説する。

もちろんメッセージの目標を叶えるアプローチを選ばなければならないし、刺激的なフックで聞き手の注意を引きつけなければならないが、テーマができていなければメッセージは伝わらない。**テーマを正確に、できるだけ力強く提示できなければ、メッセージが宙に浮いてしまうのだ。**

テーマとは、新聞やテレビのドラマチックな見出しのあとに続くニュース報道の部分、キャプションとともに掲載された興味深い写真、きれいな箱の中に入っているキャンディだ。

何を、誰が、どこで、いつ、なぜ、どのように。5W1Hが部品となってテーマを構成する。5W1Hの法則は理解しやすいし、いったん覚えてしまえば、30秒メッセージを繰り出すたびに活躍してくれる。

このステップのまとめ

- メッセージのテーマとは、切り出しのフックと最後の懇願のあいだに入る、話の本体のこと。
- テーマは30秒メッセージの大半を占める。
- 「5W1H」で考えると、テーマがどんどんできていく。
- テーマは聞き手に関連があり、選んだアプローチとかみ合ったものにすること。
- テーマを力強く提示できなければ、メッセージは何も伝わらない。

ステップ6

相手の頭にイメージを喚起する

「想像してみてください。あなたはひとりぼっちで、お腹はペコペコ。足元はコンクリートの道路、周囲はコンクリートのビル。ビルにはドアも窓も見当たらず、ここがどこなのかまったくわからない。希望の光は見えません。それが、迷子になったり捨てられたりしたペットの犬たち、猫たちが、あてもなく街をさまようときの気持ちなのです」

ロサンゼルスのある動物保護団体によるメッセージだ。このメッセージを聞いた私は、すぐさま寄付をせずにはいられなかった。昔、路上でおびえきった小動物を見つけ、妻と一緒に何とか保護しようと骨を折ったことを思い出したのだ。語り手はそうした記憶をよみがえらせ、私の心をゆさぶった。彼がありありと描いた絵に、私は逆らえなかったのである。

真に効果的な30秒メッセージが備えているのはフックやテーマ、クロージングの決めゼリフだけではない。そうした言葉を巧みに駆使して、**聞き手があざやかに想像を巡らせる「絵」を描く必要がある。**

絵を描くことで実感させ、理解させ、聞き手自身の個人的体験と結びつけて考えさせる。それが心をグッとつかむのだ。

作家や脚本家はこうしたテクニックをよく知っている。イメージを喚起する言い方をしたり、平易な表現に置き換えたり、個人的な体験や思いになぞらえたり、感情に訴えたり——。いずれか一つのテクニックだけでも効果はあるし、30秒メッセージの中に全部を織り込んでもいい。

それがフックにもなるし、メッセージのテーマにもなるし、締めのセリフにもなる。どのように組み合わせるにせよ、こうして絵を描くことであなたの30秒メッセージはあざやかに彩られ、人を動かす力を帯びる。

あざやかなイメージは覚えられやすい

聞き手とコミュニケーションするときは、自分の言うことを聞いてもらうだけでなく、ぜひ「見て」もらう、つまり目に浮かぶように受け止めさせたい。表現ゆたかな言葉を使えば、聞き手が視覚的にメッセージを理解しやすくなる。

たとえば、次の二つの文章はどう違うだろうか。

「財政赤字は、景気に悪い影響を与える」

「財政赤字は、景気の血流の中にひっそりと、しかし致命的な毒を広げる」

前者の表現は退屈だ。平凡で関心をかき立てず、聞き手の心に何のイメージも絵も広げられない。だが後者は、耳に入ってきた言葉を受け止め、とり込みやすい。あざやかなイメージが広がるからだ。しかも、**視覚的な連想を呼び起こされ**

ると、人はそのメッセージを記憶しやすい。

イメージを喚起する表現は、日々のあらゆるコミュニケーションで役に立つ。たとえば、あるとき乗った飛行機の機内で、イメージ喚起の見事なテクニックを体験した。飛行機が着陸するときのアナウンスには、きっとあなたにも聞き覚えがあるだろう。

「機体が完全に停止するまで、シートベルトは締めたままでお待ちください」

こうしたセリフは聞き慣れていて、ボーッとしていると右の耳から左の耳へ通り抜けてしまう。だが先日聞いた客室乗務員のセリフは、絵を描き出すテクニックによって、聞くともなしに聞いていた私の注意をガッチリつかんだ。

「もしも通路に転がり出してしまったら、かなり気まずいですよ。どうぞ、機体が完全に停止するまでシートベルトは締めたままでお待ちください」

機内に笑い声が起き、搭乗客はみな席についたまま、あわてずにシートベルト解除の許可が出るのを待ったのだった。

30秒メッセージを準備するときは、絵でどのように表現できるか考えてみよう。その絵を言葉にして、イメージを呼び起こすのだ。話の内容が犬のことでも、あるいはドーナツのことでも、イメージを伴うメッセージはカラフルで、興味深くて、記憶に残るものとなる。

イメージを喚起する言葉を練る過程こそ、30秒メッセージを準備するときの一番楽しい作業かもしれない。必然的に、自分の創造性を最大限に発揮することになるからだ。

難しい表現、専門用語に注意

相手の言ったことを理解する。

とても単純なことだ。それなのに、特にビジネスの世界でコミュニケーションするときは、これが実に大変な問題になりかねない。違う会社、違う業界の者同士では、往々にして話が通じない。それぞれがそれぞれの〝お国ことば〟でしゃべるからだ。たとえ同じ会社の社内であっても、言語が違うせいで意思の疎通が図れない状態を、私は何度も目にしている。

たとえば、私のワークショップに参加したある電話会社の幹部が、こんな言葉で始まる30秒メッセージをつくってきた。

「端末回避の特殊顧客は運営費用を圧迫します」

たしかに注意を引かれるが、それは言っている意味がわからないからだ。解説を頼むと、幹部はこう言い換えた。

「サードパーティを通じて回線を利用する顧客がいると、電話料金の値上げにつながります」

キャッチーな言葉、技術的な専門用語、難解な言い回しを駆使して、自分に知識があるところを見せなければ……。そう思ってしまう人は少なくないらしい。だが、それはむしろ逆効果だ。**自分の話す内容を〝本当に〟わかっている人は、やさしい言葉で誤解のない言い方をする。**相手が理解できない用語をまくしたてれば、退屈して居眠りされるのが関の山だ。

この電話会社の幹部がつくった30秒メッセージは、回線のバイパス利用の問題について、顧客に説明するものだった。メッセージのテーマはこんなふうに続いていた。

「バイパスとは、市内電話会社の回線網を回避することです。法人顧客がこれを行うと市内電話会社の収益が減少し、個人利用客の通話料金に転嫁されます」
このメッセージを、もっとわかりやすい表現で書き直させたところ、こんな文章になった。

「市内の回線網を有する電話会社のことを、大きな陸橋だと考えてください。その陸橋の維持には年間10万ドルかかります。交通量の多い、少ないにかかわらずです。この陸橋の通行料は乗用車で1ドル、トラックで2ドルです。ところがあるとき、別の大会社がトラック専用の新しい橋をつくりました。通行料は1ドルです。そうなると、すべてのトラックが新しい橋を使うようになりました。元の陸橋のほうは、通行料収入が減るにもかかわらず維持費はこれまでと同じ10万ドル。トラックからの通行料が得られなくなったので、その分の収入を確保しなければならず、乗用車の通行料を値上げすることになってしまいます。これがバイパスの問題です。大手法人顧客が独自に別の回線を引いて電話会社を回避するようになると、結果的に、一般住民の皆さんの通話料金を上げざるをえなくなってしまうのです」

この文章ならメッセージはわかりやすく、言葉も平易だ。聞き手が思い浮かべられる絵も描けている。

もちろん専門用語が必要になるときもある。コンピューターの販売員がコンピューターに詳しい客に商品を売り込むなら、専門用語をきちんとわかっていなければならない。だがその場合でも、聞き手の理解を優先するという意味では同じだ。聞き手が理解できない話をしたのでは、目的は達せられない。

自分の要点を伝えるには、聞き手の理解レベルに合わせた言葉とイメージを選んで使うことが重要だ。

個人的な体験や思いを盛り込む

30秒メッセージをイメージあふれるものにする、おそらく一番簡単で一番自然な方法は、個人的なエピソードを例にすることだ。語り手個人の話と内容が結びつくと、メッセージははるかに伝わりやすくなる。

以前、私のワークショップに参加した大手電話会社AT&Tの幹部が、AT&

Tが他社より優れている理由についての30秒メッセージをつくってきた。メッセージの目玉は、ダイヤルゼロを回すと即座にオペレーター（電話交換手）につながること。その当時、短縮ダイヤルでオペレーターにつながる設定にしていた電話会社は、ほかに存在しなかったからだ。

「弊社は、お客様にとって便利なサービスを心がけています。ぜひともお客様のお役に立たせていただきたいのです。AT&Tはオペレーターを完備しております。AT&Tは、お客様に奉仕してきた長い歴史を誇りに思っております」

こんな調子で、彼のメッセージはくどくどと続いた。内容も退屈だし、しゃべっている人物にも興味をそそられない。表現にひねりがないし、躍動感も広がりもない。重度の不眠症患者だって、これを聞いたら治ってしまうかもしれない。

私は個人的なエピソードを出してみるようアドバイスした。アドバイスの結果、こんなメッセージができあがった。

「つい先日のことです。我が家の幼い息子が、誤ってガレージでボヤを起こしてしまいました。私は電話に飛びつき、大急ぎでダイヤルゼロを回しました。オペレーターにわけを話すと、数分後には消防車が到着していたのです。おかげで大事にならずにすみました。『緊急時には、ダイヤルゼロにかければオペレーターが助けてくれる』と知っていたことが、どれほど貴重で、どれほど私を安心させてくれたことか――あとから振り返って、深く実感しました。このサービスを提供しているのはAT&Tだけ。皆さんを助け、皆さんの役に立つ。それこそがAT&Tの使命です。ぜひとも、変わらぬご愛顧をお願いします」

AT&T幹部は、メッセージを自分個人の話として表現した。メッセージをパーソナライズしたのである。陳腐な決まり文句やあおり文句は捨てた。聞いている私たちは30秒以内でこの幹部の話をハッキリ認識したし、メッセージもしっかり伝わった。何より、幹部自身の印象がまるで違う。話は表現ゆたかで、奥行きがあり、真実味がこもっている。

それらすべてが相まって、彼のメッセージは以前よりはるかに効果的になった。

いや、これ以上ないほど、素晴らしいコミュニケーションが実現したのだ。

感情に訴え、心をゆさぶる

一番効果的なのは聞き手の心をゆさぶるメッセージだ。感情はあらゆることの引き金になる。**感情に訴え、心をゆさぶることができれば、聞き手はメッセージを受け入れやすくなる。**

慈善事業は感情をゆさぶるアピールで成り立っている。「心に響いたから」という理由で寄付や協力をした経験は、きっとあなたにも一度ならずあるだろう。人のためになることをすると、自分が気持ちよくなる。30秒メッセージでも、心をゆさぶる効果は大きい。一つ例を挙げて考えてみよう。

パトリシア・ルイスは手芸用品店を開きたいと思っている。彼女にとっては何より大事な夢だ。開業に必要な資金は1万ドルだが、8500ドルしか準備できていない。残りの1500ドルをどこから借りればいいだろう？　それほど大きな額ではないので銀行で融資を受けられることはわかっていたが、銀行ローンをとりつけるには時間がかかる。すでにうってつけの店舗を見つけていたので、できるだけ迅速に動かなければならない。

そこでパトリシアは、ジム・アレンという知り合いの実業家に協力を頼めないかと考えた。彼なら、投資できるだけの財力がある。だが彼にしてみれば、投資利益が出るまでずいぶん待たなければならない。そこで彼女は、ジム自身が一代で財を築いた叩き上げの人物であることを思い出した。

アメリカにはチャンスがある、自分はゼロから始めて努力して夢を叶えたんだ――。ジムはよくそんなふうに語っていた。これだ。パトリシアはジムに、「ぜひ私の夢を叶える手伝いをしてほしい」という頼み方をすることにした。

連絡して会う時間をつくってもらい、まずはひとしきりおしゃべりをする。それから用件を30秒メッセージで切り出した。

「ジム、私には夢があるんです。手芸用品店を開きたいという大事な夢が。ご存じのとおり、私には経験がありますし、どんな努力も喜んでするつもりです。もういい場所を見つけてあって、資金も自分の力で８５００ドル準備しました。で

も、実はあと1500ドル必要なんです。あなたが夢を叶えたとき誰かが助けてくれたように、今度はあなたが私に力を貸してくださらないでしょうか」

パトリシアは、自分の求める内容をきちんと見定めていた。それを与えられる相手も見定めていた。そして相手のことを検討したうえで、心に訴えるアピールで説得する方法を考え出した。自分とよく似た境遇に心をゆさぶられたジムは、出資に同意した。

こうした方法はあなたにも有効だ。どれほど大きな効果が出るか、きっとあなた自身もビックリするに違いない。

このステップのまとめ

- 絵のように描写的な表現を使って、聞き手のイメージを喚起させよう。
- 聞き手がすぐ理解できる、わかりやすくシンプルな言葉を使うこと。
- 個人的なエピソードや思いを盛り込むと、より印象づけられる。
- 感情に訴えて聞き手の心をゆさぶるのが、30秒メッセージをグッと受け入れやすくするもっとも効果的な方法。

ステップ7

終わらせ方で聞き手を動かす

30秒メッセージは言いっぱなしで終わりだろうか？　目標と相手とアプローチがわかっていれば、それで成功だろうか？　違うはずだ。あなたは、何か頼むことがあってその30秒メッセージを考えた。メッセージの最後でこちらの願いを求めなければ、せっかくのお膳立ても意味がない。

具体的な頼みを入れないメッセージなど、チャンスをただドブに捨てるようなものだ。「求めよ、さらば与えられん」と言うが、それはすなわち「求めなければ手には入らない」ということだ。

行動をうながす「アクション・クローズ」

自分の30秒メッセージの目的にピッタリ合った「締めの言葉」を決めるには、こう考えてみるといい。「私は聞き手に、何を求めているのか？」

この答えがメッセージの締め文句になる。それがわかったら、次は状況に合った締め方を考えよう。それには、**行動を求める場合（アクション・クローズ）と、反応を求める場合（リアクション・クローズ）の二つのタイプがある。**

アクション・クローズとは、聞き手に特定の行動を求めることを言う。

例を挙げて考えてみよう。ＰＴＡの会合で、ひとりの女性が提案した。

「学校で喫煙防止キャンペーンを立ち上げたいと思うんです。どなたかアイデアがあるかしら」

すると周囲の女性たちは、「いいわね、考えましょう。ひとまず、お茶とケーキでもいただきながらにしましょうか」。お茶とケーキを楽しみ、会話は別の話題になって、何の提案も助力も得られず終わってしまった。

同じ状況で、もっと強いアクション・クローズを使えば、どうなるだろうか。

「学校でタバコを吸う子どもたちがいて、とても心配に思っています。ですから喫煙防止キャンペーンをしたいんです。私にとってもとても大事なことですが、皆さんにとってもとても大事なことだと思います。わが子に喫煙させない、または喫煙をやめさせるためのキャンペーンなんですから。コーヒーとケーキをいただきながら、全員でアイデアを書き出していきましょう」

こちらのほうが現実的だ。ＰＴＡのメンバー16人から16通りのアイデアが出た。アクション・クローズの重要性がよく表れている例だ。特定の時間内に特定の行動をしてほしいとハッキリ頼めば、その希望が叶う可能性はグンと高くなる。

〝考えるだけ〟で終わらせない

このテクニックはビジネスの場面でも同じように効果がある。

そろそろ業務時間も終わりというころ、あなたはオフィスで同僚4人と部署の経費節減について立ち話をしている。あなたは同僚に何をすべきだ、何をしろと命令する立場にはないが、頼むことはできる。そこでこんなふうに言う。

「経費を削減しなければならないことは、みんなわかってると思う。自分もいくつかアイデアがあって、みんなもきっとあるだろう。とにかく考えてみないか」

すると同僚は言う。「そうだな、考えてみよう」。だが結局は何も出てこない。

しかし、あなたがこんな言い方をしたらどうなるだろうか。

「経費を削減しなければならないことは、みんなわかってると思う。そのための案をそれぞれ少なくとも三つずつ出したいと思うので、ぜひ協力してほしい。次の火曜に、出てきた案について話し合おう。大変だと思うが、手を貸してくれるとありがたい」

これなら、せっかく集まっただけの成果は出る。頼み方は丁寧だが、聞き手に具体的なスケジュールを提示し、ハッキリと具体的な行動をうながしている。

押しつけない〝締めの言葉〟

押しつけがましいアクション・クローズについては、私たちはテレビコマーシャルなどでいやというほど接している。

「今すぐお買い上げを！」
「一生に一度のチャンスです。お見逃しなく！」

こうした売り込み方を「ハードセル」と呼ぶが、これとは反対の「ソフトセル」のコマーシャルにも頻繁に接している。こちらは提案というパワーを使って要点を伝える売り方である。**具体的な行動を頼むのではなく、反応させるのだ。**

具体的な行動を求めるのが難しい場面というのもある。アクション・クローズが戦略として適さないときもあるかもしれない。そういう場合こそソフトセル、すなわち「リアクション・クローズ」の出番だ。提案や例を示すことで、望ましい結果を引き出そうとする。

私は以前、あるアンティークショップでそうした戦略の受け手になったことがある。私の目を引いた17世紀の銀細工のロウソク立ては、たしかに売り物だった。それなのに、店主は「今すぐお買い上げを！」とは言わず、こう言ったのだ。

「美しいでしょう？　この値段で、これより上質なペアのロウソク立ては見つかりませんよ。どうしてまだどなたもお買い上げにならないのか不思議なくらいですが、私としては、それでもいいんです。実は今夜のうちにこれを自宅にもって帰って、私のものにしようかと思っていまして。この品を見つけたときから、ずっと家内が欲しがってるんですよ」

そう言われて、ごくごく自然に、私はこの見事なペアのロウソク立てを買わずにはいられなくなってしまった。そして品物と一緒に、リアクション・クローズの技についても少しばかり教えてもらうことができた。

より効果的な戦略を選ぶには

メッセージの締め方、クロージングの方法を選ぶ際は、戦略的な考え方が必要だ。基本ルールは、「目標を把握すること」と「聞き手を理解すること」。聞き手をどれくらい強く押してもよさそうか、慎重に見極める。

すぐさま行動をうながすアグレッシブなアクション・クローズで、NOと言われることもあるだろう。提案のパワーと忍耐力を生かしたリアクション・クローズのほうが、YESを引き出せるかもしれない。

戦略はあらかじめ決めておく。何より重要なのは、袋小路にやみくもに突っ込んでもダメだということだ。出口は見極めておかなければならない。頼まなければ手に入らないが、頼み方を知らなければやはり何も手には入らないのだ。

このステップのまとめ

- メッセージに具体的な頼みを入れなければ、自分の希望が叶えられることはない。

- 特定の時間内に行動を求める「アクション・クローズ」なら、具体的な成果を得られやすい。

- 押しつけない言い方のほうがチャンスを得られそうな場合、「リアクション・クローズ」を使うとよい。

- どちらの方法でメッセージを締めるか。それも戦略の一つなので、あらかじめハッキリ決めておく。

第2部

テクニック1　話の内容以前のちょっとしたコツ

テクニック2　聞き手が千人でも緊張しなくなる方法

テクニック3　さまざまな場面で使える30秒メッセージ

話し方や見た目で損しないための実践テクニック

テクニック 1

話の内容以前のちょっとしたコツ

ジャズ・ミュージシャンのルイ・アームストロングは、1945年に出演した映画『ピロー・トゥー・ポスト』で、「ワッチャ・セイ」という曲を歌っている。歌詞はこんなふうに始まる。

「何を言うかじゃない　どう言うかなんだ」

たしかにそのとおり。**「何を言うか」より「どう言うか」のほうが重要となる場面は少なくない**。本書をここまで読んで、30秒メッセージの基本3原則をマスターし、要点を伝わりやすくするポイントを覚えたら、次はこのパワフルなツールを「どう使うか」を具体的に検討していこう。

また、自分が他人の目にどう映るか、それも考えていきたい。

第一印象をおろそかにしない

最初に受けた印象は、ずっと変わらないことが多いものだ。第一印象が悪いとチャンスは逃げていき、おそらく二度と戻ってこない。

私は昨年、ひざの軟骨損傷で手術を受けなければならなくなった。かかりつけの内科医の紹介で、3人の外科医の診察を受けた。いずれもひざ軟骨の手術にかけてはベテランだ。ほんの数分の診察時間で、どうやって手術をお願いする医師を選ぶか。第一印象を信じて決めるしかない。私は一番好感をもち、一番強い印象を受けた医師に決めた。手術を選ぶのではなく医師を選んだのだ。

選挙でどの政治家に投票するか、人はどうやって決めるだろう。候補者がテレビでみな同じようなことを言い、資質もそれほど差がなかった場合、あなたはきっとその中で一番誠実そうで、自信がありそうに見えた候補者を選ぶ。政治家のこれまでの成果を選ぶのではなく、政治家を選ぶのだ。
あるいは、あなたが社内の誰かを昇進させるとしよう。能力が等しい3人の候補者のうち誰を昇進させるか。選ぶのは一番いい印象がある社員だ。反対にあなたが候補者のひとりだったとしても、おそらく同じように選ばれたり選ばれなかったりする。

第一印象とは、全体的なイメージや個人的なスタイルから感じとるものだ。30秒メッセージが明瞭なら、聞き手の注意を引きつけられるし、関心をつなぎとめられる可能性は限りなく高くなる。だが、メッセージ以外で感じとる印象も、よくも悪くも要点の伝わり具合に影響をおよぼす。

プレゼントをもらうときのことを想像してみてほしい。金色の立派なペンだ。そのペンをはだかでポンと手渡されるのと、美しい箱に収めてリボンをかけて渡されるのとでは、どちらがワクワクし、記憶に残り、「もらった」という事実に心が満たされるだろうか。

見た目を整えて丁重に渡せば、プレゼントは喜ばれやすくなる。メッセージを伝える「自分」という商品に、リボンをかけると考えよう。

丸暗記では最高のメッセージも台無し

19世紀の思想家ラルフ・ウォルドー・エマソンは、「スタイルとは、その人の思想を物語る声」だと言った。人の見た目やふるまいは、言葉にならないメッセージとして、その人物の性質について多くを伝える——という意味だ。

人は誰でも、しゃべりながら言葉以外のメッセージを発信している。そして人は誰でも、相手のそうした非言語的なメッセージを読みとっている。無自覚な人が多いのだが、自分がどのような印象を与えているか十分に意識しないと、せっかくの30秒メッセージもムダになってしまう。

例を挙げて説明しよう。私のワークショップで、ひとりの企業幹部が練りに練った30秒メッセージを発表した。伝えるべき目標と、メッセージのテーマはしっかり見定めてあった。刺激的なフックを使い、きちんと要求も伝えていた。ささやかなユーモアまで添えていた。

ところが発表するときの彼は、ただその場に突っ立ったまま、目を伏せたままで、笑顔もなく、声も単調で、まるで丸暗記してきた原稿を暗唱しているようだった――いや、本当に丸暗記の暗唱だったのだ。

聞いていた参加者の反応は薄かった。彼の非言語的メッセージが、言葉のメッセージを押し流してしまったのだ。

このパフォーマンスを受けて、ワークショップでは「非言語的なメッセージはどこから伝わるか」について議論した。挙がったのは次のような内容だ。

- **顔の表情（アイコンタクトを含む）**
- **姿勢、仕草、動作**
- **声の調子**
- **身体的な見た目と服装**

これらは、一言で言えば、その人の「スタイル」だ。スタイルがよいイメージも悪いイメージも伝えてしまう。30秒メッセージの中身と同じくらい、重要な役割を果たすのである。

話にコントラストをつける笑顔の魔法

さまざまな表情の中でも、何より大事なのは笑顔だ。笑顔は語り手を自信ありげに見せるし、聞き手にとっても話を理解しやすくなる。心のこもった笑顔よりあたたかなものはない。だがごまかしてはダメだ。つくり笑いをしても、聞き手にはそれがインチキだとバレてしまう。

自分が楽しいと感じることを思い浮かべるだけでも、真の笑顔を見せられるはずだ。笑顔と同時に多少のユーモアを発せられればなお効果的。笑顔で楽しい話ができれば、聞き手の10人に9人は一緒に笑顔になってくれる。

「だけど、真面目な議論で笑うわけにはいきませんよ」と言う人もいる。それに対して、私は「真面目な議論こそ笑顔は必須ですよ」と答えている。**徹頭徹尾シリアスだと、話に広がりは生まれないし、変化もつかない**。

顔が無表情だったり、生真面目で一本調子だったりすると、やはり話に広がりや変化は生まれない。1音だけで奏でられる曲なんて聞く気にもならないはずだ。

言葉と表情がたった一種類だというのも、それと同じことである。**変化をつけること、コントラスト（対照性）を生むこと**。これは本当に重要だ。真面目な議論と笑顔は対照的なので、コントラストが生まれてメッセージがドラマチックになる。ためしに、次の文章を声に出して読んでみてほしい。

「子どもについて語るのは楽しい。だが、虐待された子どもの話には、胸がしめつけられる」

もう一度読んでみよう。ただし、今回は「楽しい」のところで笑顔を浮かべ、後半は真面目な顔で読む。それを鏡の前でやってみよう。前半の笑顔が、後半を2倍にドラマチックにすることに気づくはずだ。

30秒メッセージを話す前、それから結論を言い終わったあとに笑顔を浮かべるのも効果的だ。最初と最後の印象がよくなる。笑っていればほぼ何割増しかで魅力的に見えるのだから、自己紹介やお礼を言うときは笑顔のほうがいい。

目を見て話すと数倍伝わる

アイコンタクトも大事な非言語的メッセージだ。宙をにらみっぱなし、足元に目を落としっぱなしで語っていては、関心を引くことも自信ありげに見せることもできない。むしろ自信のなさを露呈してしまう。

集団の前でしゃべるならアイコンタクトは簡単だ。首を動かして視線の方向を変えていけばいい。だが一対一でしゃべっているとき、相手の目をまっすぐ見つめ続けるのは少し居心地悪く感じる人が多いだろう。相手も、あんまりまじまじと見られると落ち着かないかもしれない。

それでもひとまずは、まっすぐ目を合わせたほうがいい。**まっすぐなアイコンタクトは要点を強調し、誠実さを前面に出す効果的な手段だからだ。**

表情はユーモアを伝えることもできるし、驚き、当惑、心配など、あらゆる感情を伝えられる。どれも、30秒メッセージの効果や意味に彩りを添えるものだ。表情に変化をつければ、聞き手の関心と興味もつなぎとめやすい。まっ白な壁、無表情な顔を長いこと見ているのは誰にとっても苦痛だ。

急いで整形手術をするわけにはいかないが、表情にゆたかな変化をつければ、それは十分有利な武器になる。

動作や仕草もメッセージの一つ

動作、仕草、姿勢も、顔の表情と同じように雄弁だ。私は先日のワークショップである実験をし、そのことを証明してみせた。

まず私がひとりの女性に指示をささやく。彼女が上手な30秒メッセージでそれをワークショップ参加者の前で発表する。表情は豊かでアイコンタクトもしっかりしているが、唯一おかしな点として、しゃべっているあいだ手元で自分の結婚指輪をクルクル回している。彼女の話した内容を覚えていた人は誰もいなかった。聞き手の視線と関心は、回り続ける指輪に引き寄せられてしまっていたのだ。

そこで、同じ女性にもう一度30秒メッセージをしゃべってもらった。今度は、いっさい動いたり仕草をしたりしないようにと指示をして。彼女は棒のように突っ立ったまま30秒メッセージを話す。ワークショップの参加者たちは私の意図を察したらしく、笑い声が生じた。まったく動かないというのも、意味もない動作をするのと同じくらい話に集中しにくいものなのだ。

最後に、女性に3回目の30秒メッセージをしゃべってもらった。今回、彼女は自分の動作に十分な注意を払いながらも、リラックスした様子で臨んだ。要点を強調するのに仕草や動作を使った。口に出す言葉とボディランゲージがうまく連動すると、効果的な印象が生まれる。

この実験で得られる教訓は誰の目にも明らかだった。**30秒メッセージにおいては、動作や仕草が言葉と同じくらい雄弁に語るのだ。**

話すときの姿勢——起立しているときでも、座っているときでも——は、二重の非言語的なメッセージになる。「自分自身についてどう思っているか」と、「聞き手のことをどう思っているか」を伝えているのだ。

前かがみでフラフラしていたら、それは自分の見た目に無関心で、他人の目にどう映るか考えていないというメッセージだ。身体をこわばらせ、いかにもピリピリした姿勢だったとしたら、心配や不安にかられていることが伝わってくる。

もちろんこの二つは極端な例だが、話し手は状況が許す限り明るい雰囲気を心がけたほうがいい。たとえそんな気分ではなかったとしても、リラックスして(ただし、だらけすぎずに)、なおかつ緊張感をもって(ただし、あまり緊張しすぎずに)臨むのだ。

カギは自分を意識すること。**自分が他人にどう見えているか意識していれば、その理解を生かして、見せたい自分を演出することができる。**

自信も不安も声に表れる

一流のピアニストでも、調律が狂ったピアノではコンサートの成功を期待することはできない。音が1種類しか出ないキーボードでは、曲を奏でられない。

あなたの場合、声があなたの楽器となる。ボリューム、トーン、ペース、表現力、そしてそれらを駆使する演奏スキルが思考の状態をありありと伝え、聞き手の反応を左右する。

退屈で単調な声で語っていては、聞き手も退屈する。けたたましい声で早口にしゃべるとあなたの不安が筒抜けになり、聞き手も不安で気まずい気持ちになる。表情やボディランゲージと同じく、声のせいで聞き手の気を散らさせたり、メッセージの効果が薄れてしまうことがあるのだ。

20世紀の偉大な俳優であるリチャード・バートンは、シェイクスピア戯曲のように電話帳を読み上げるというパフォーマンスで観客を驚かせ、楽しませた。第16代アメリカ大統領のエイブラハム・リンカーンは、ほとんど聞きとれないくらいのささやき声で、不朽の名セリフとして知られるゲティスバーグ演説を行ったと言われている。

だが、ここではどちらもオススメしない。あなたはパフォーマンスをするのでも、演説をするのでもなく、聞き手に語りかけようとしているからだ。熱意を込め、話に変化をつけ、必要な情報を盛り込み、誠実さが伝わるような声で語らなければならない。**自分が話す内容を信じていればそれが声に表れて、聞き手もきっと信じてくれる。**

服装はあなたをおおいに語る

服装や装いが実にパワフルな信号になることは、誰も否定しないだろう。

暑さや寒さから身を守るのはもちろんだが、相手に与える信号こそが服装の存在理由だと言ってもいい。衣服や装飾はステイタスを表現する。自分が自分をどんな人間だと思っていて、どんなふうに見られたいと思っているか――。

ただし、服装のせいで大事なメッセージが伝わらなくなったり、誤解されてしまう場合もある。服がメッセージの足を引っ張ってしまうのだ。

私のワークショップで、企業で働く男性・女性たちと服装について議論していると、話はたいてい二つに集約される。「合わせ方」と「目立ち方」だ。その場の参加者としてふさわしく、なおかつ、その他大勢の中で埋もれない服装をするにはどうしたらいいか？　表面的には矛盾した疑問だが、実際はそうでもない。

TPOの自覚は重要だが、それだけで服装を判断できるとは限らないのだ。

スタイルやファッションはつねに変化している。衣服、アクセサリー、ヘアスタイルの第一のルールは、「ルールがないこと」。すべて自分次第だ。自分らしい装いなら心を平静に保てるが、若く見せようとしたり身の丈に合わない格好をしていると、間違いなく自分も周囲もその姿に違和感を抱く。

人目を引くこと自体が仕事でない限り、あまり極端な格好は避けるのが賢明だ。また、たとえ多くの人が同じ格好をしているとしても、流行に流されすぎるのは考えものだろう。**自分らしく、自分が一番魅力的に見える服装をするのがいい。**

とはいえ、洞窟の中で暮らしているのでもない限り、TPOによっては、自分の好みと同じくらい他人の評価が重要になる――ときには、他人の評価のほうが優先される――と知っておいたほうがいい。

私の場合は白いシャツとチェックの入った白いズボン、カラフルなベルト、そして白い靴という格好が一番気に入っているし、心地がいい。しかし、仕事場ではそんな服装はしない。ある大手企業のCEOは、ひとりでオフィスにいるときは野球帽をかぶるのが好きなのだそうだが、彼も役員の前ではかぶらない。

ニューヨークならスリーピースのグレーのスーツもしっくりくるだろうが、ヒューストンやシンガポールでは浮いてしまうだろう。

だからといって、他人とまったく同じ服装ばかりでもつまらない。創造力を駆使してささやかな工夫を加え、少しだけ個性をアピールする。コンサバなスタイルでまとめつつ、明るい色のネクタイをしめたり、ハンカチを覗かせたり、カラフルなブラウスを選んだりしてもいいだろう。

だが、覚えておいてほしいことがある。たいていの場合、他人はあなた自身に目をとめるよりも先に、まずあなたの服に注意を向ける。もしかしたら服装だけに目を奪われてしまうかもしれない。**あなたが一言も言葉を発しないうちから、服装や見た目があなたについて多くを語る**。だとしたら、いい印象が伝わるようにするのが当然だ。余計な悪印象をもたらすのは避けたほうがいい。

私は世界のさまざまな場所で、さまざまな職業、職種の人と接しているが、服装と見た目について、いつも同じ点を強調することにしている。「きちんと気を使っている」という印象さえ与えられるなら、お金をかけてもかけなくても、流行遅れでも最先端でも、長い目で見ればたいした違いはない。

きちんと見せようと配慮していることが伝われば、周囲も相応に扱ってくれる。どんな格好が自分に似合うかわからないなら、友達やプロの意見を聞きながら、焦らず時間をかけて探していくといい。それ自体も、自分の見た目に気を使っているというサインになる。

コミュニケーションとは一種の演技

ビジネス・マネージャーを対象にワークショップを開催したときのことだ。30秒以内で話をまとめるにあたり、非言語的メッセージがいかに重要であるか説明していると、ひとりがこんなふうに発言した。

「私はコミュニケーションの方法を学ぶために参加したつもりなんですがね。役者になりたいわけじゃないんですよ」

そう言われても、別に私は気分を害さなかった。むしろ、効果的なコミュニケーションは一種の演技である、と指摘するきっかけになった。役者なら誰でも、駆け出しのころに表情とボディランゲージの大切さや、声と身体を使って役柄に「なりきる」方法を学ぶ。

そうしなければ役柄に真実味をもたせられないし、脚本家がセリフに込めたメッセージを伝えることもできないからだ。そうした演技のコツは、30秒メッセージを伝える際にも十分に参考になる。

役者はセリフの練習と同じように表情の練習もする。与えられた役柄になりきり、それを不自然に見せないようにするのは難しい。30秒メッセージを伝えるあなたにとって演じる役柄は自分自身なのだから、なおのこと表情が演技のようになるのはおかしい。

自然に、正直に「自分らしさ」を見せるためのコツを教えよう。

- **準備をしておく**
- **暗記はしない**
- **個人的な話をする**
- **話す内容を意識しながらしゃべる**

鏡の前で練習して、話すときの自分の様子がどう見えているか知っておこう。30秒メッセージを伝えているあいだの自分の顔を知り、それがどんな効果を示すか理解していれば、有効に活用できる。

〝自分撮り〟で確認するのが効果的

身体を使った仕草などで感情を伝える。それが演技だ。無声映画の喜劇王チャーリー・チャップリンは、一言もセリフを発することなく、一度見たら忘れられない人物像や絶妙な喜劇的場面を描き出した。

もちろん映画と比べればあなたのステージは小さい。オフィスか会議室か。喜劇でも大芝居でもなく、ただ自然に見せられればいい。とはいえ、立って話すか座って話すかを選べるなら、**できるだけ立って話したほうが効果的だ**。立っていれば、伝えたい要点を強調するために仕草や動作をとり入れたり、ステージを歩き回ったりしやすくなる。

役者は「ラッシュ」と呼ばれる試写でその日の演技を確認する。プロ用の録画機材がなくても、自分の様子を確認することは可能だ。私もワークショップでは必ずビデオを使っている。大画面に映る自分の姿を初めて見た人は、一様に驚きショックを受ける。

「わ、みっともない！」「あれ僕ですか？」「私、本当にあんなことしてました？」などというのが典型的なリアクションだ。誰でも、自分が思っている見た目や声と実際の姿は異なっている。逆に言うと、**自分がどう見えているかを把握することができれば、それを改良する方法も見つかる**ということだ。

昨今の録画機器は安価だし、すぐ手に入るし、扱いやすい。私に言わせれば、録画に勝る学習機会はない。

聞き手を引きつける「声」の力

声も、役者にとってきわめて重要な道具であり、あなたにとっても大切な道具だ。自分が他人からどう見えているか知らない人は多いが、どう「聞こえているか」知らない人は、もっと多いのではないだろうか。

ビデオで自分の姿を録画するのと同じように、ためしにほんの数分、自分のしゃべりを録音してみるといい。抑揚に欠けて変化に乏しければすぐにわかるし、声が大きすぎる、反対に小さすぎるなど、さまざまなことがわかる。言葉はハッキリ発音し、適切な強調を入れていただろうか。そうでなければ練習が必要だ。

30秒メッセージで特に重要な一文を印象づけるには、**文末をわざとソフトに言う**といい。たとえば「文章を印象づけるテクニックは、わざとソフトにしゃべることです」という文章を、前半は普通の声で、後半はほとんどささやくくらいの声で読んでみてほしい。

文章を印象づけるテクニックは、わざとソフトにしゃべることです。

このテクニックを使うと、聞き手は思わず身を乗りだして、言葉を聞きとろうとする。意識を完全に集中してくれるというわけだ。

もう一つ、注意を引くテクニックとして**間を入れるという方法もある**。これは実に価値あるテクニックで、効果はてきめんだ。話を印象づけられるし、自分には考える余裕が生まれるし、聞き手には話を聞きとり、吸収し、心の中で反復する余地が生じる。聞き手がのみ込んだかどうかを確認するチャンスにもなる。

もちろん、30秒メッセージで15秒も間を置くわけにはいかない。大事なポイントで1秒か2秒だけ沈黙すれば、メッセージがグッとドラマチックになる。

やってみよう。次の文章を読んでみてほしい。

聞き手の注意を引きたいとき、私は（……沈黙……）「間」をあけます。

30秒メッセージでこのテクニックを使うと、ほんの短いセンテンスに聞き手がグイッと関心を寄せる様子がわかるはずだ。「次に何を言うのだろう」と、思わずのめり込んで聞くのである。

ただし、一つ覚えておいてほしい。**目的はあくまで、自然に見せること。自分らしく見せることだ。**本書の前半で30秒メッセージの文章づくりを説明したが、このステップで説明した顔や身体のテクニックもルールは同じである。

何のためにするのか目標を見定め、聞き手を理解し、自分のアプローチを考える。聞き手に好ましい印象を与え、目標の達成につながる言葉（仕草）を選ぶ。そして自分の選んだ言葉が効果的に伝わるようパフォーマンスをするのだ。

このテクニックのまとめ

- 第一印象はおそらく最後まで変わらない。
  確実にいい印象を与えよう。
- 「伝える内容」以上に「伝え方」が重要。
  表情や仕草、見た目などの
  「非言語的メッセージ」にも気を配ること。
- 真面目な話ほど「笑顔」が重要。
  内容に深みを出す最高の調味料になる。
- 動作や仕草、姿勢は、話の内容と
  同じくらい雄弁にあなたを語っている。
- コミュニケーションとは一種の演技。
- 自分の話している姿を撮影し、
  見ること以上に効果的な練習法はない。

テクニック 2

聞き手が千人でも緊張しなくなる方法

講演や発言をする人が延々と、ダラダラと、ひたすら長く話し続けるので、その会議から逃げ出したくなった経験があなたにもあるだろう。

先日、私はオーストラリアで、有名な政治家のために開かれた晩餐会に出席した。主賓である政治家は45分もしゃべり続けた。だが厳密に言えば、彼はしゃべったのではなく、読んでいたのだ。手元の原稿に目を落としたままで、一度も顔をあげなかった。聴衆とのあいだに交流は生まれず、スピーチが終わった時点で、誰ひとり話の内容を覚えていなかった。聴衆にとっても時間のムダだし、政治家本人にとってもまったくの時間のムダだった。

シンガポールでも、ある意味で忘れられない講演を聞いたことがある。始まるやいなや数人が眠りに誘い込まれるほど退屈な話だったが、途中で講演者が突然、話をストップしたのだ。そして演壇を降り会場から出て行ってしまった。私たちは当惑した。誰もがハッキリ目を覚まし、会場全体がざわめき始めた。何をするつもりなんだ？　何が起こったんだ？

5分が経ったとき、ホールの後方からトイレの水音が聞こえた。講演者が戻ってきて、何ごともなかったかのようにスピーチの続きを始めると、会場は静まり返って話を聞いた。スピーチの途中で、話すべきことを忘れたから逃げた——というわけではなかったのだ。

このパフォーマンスで、講演者はガッチリ観客の関心をつかんだ。

30秒以上話すときにはどうするか

上手な講演をする人は、観客とのあいだに絶妙な親近感を築く。自然で、しかも信じられると感じさせる。千人に話すのもたったひとりに話すのも基本的には同じことであり、同じテクニックを使うと心得ているのだ。

だが、講演を30秒で終えるわけにはいかない。相手が何人であれ、人間の注意力持続時間が30秒なのだとすれば、どうやって数分、または数十分にわたって聴衆の関心を引きつければいいだろう？

答えは簡単。**スピーチは30秒メッセージの延長版だと考えればいい**。原稿をまとめる前にその講演の目標を把握し、聞き手を理解し、自分がとるべきアプローチを見定める。講演のテーマに5W1Hを含める。刺激的なフックを使い、効果的に話を締めくくる。そして話すときにはハッキリしたわかりやすい言葉を使い、イメージを喚起し、個人的な体験談や逸話を入れ、心が動いて目標達成につながるような表現を駆使する。

スピーチ全体を準備したら、部分ごとに見てみよう。伝えたい要点が複数ある場合は、その一つひとつを30秒メッセージとして成立させる。長く話ができるなら、聴衆にいくつかの問いを投げかけ、答えを導くことができるだろう。個人的な体験談や逸話も、一つならず挿入することができるだろう。30秒メッセージで聞き手の関心を引き、興味をもたせておく戦略は、スピーチが長くなっても同じ効果を発揮する。

ある有名シェフが、カップル客のためのディナーと500人の晩餐会とではどこが違うかたずねられたとき、こう答えた。

「何も違いはありませんよ。材料も同じ。ただ量が多いだけです」

原稿の丸暗記、朗読はしないこと

丸暗記はご法度と心得よう！　原稿を丸暗記して、その一語一語を思い出そうと必死になりながらしゃべるメッセージでは、聞き手とコミュニケーションなどできるはずがない。

それに講演の内容を丸暗記して、途中で言葉を忘れてしまったらどうするのか。たとえ先を思い出してスピーチを続けられるとしても、書いた原稿に縛られて、自分の力で講演の方向を決めることができない。

話は完全に頭に入れておき、その場の裁量で自在にしゃべれるようにすることだ。丸暗記は、あなたの態度から「自然さ」という大切な要素を奪ってしまう。原稿の「朗読」もしないこと！ 書き言葉と話し言葉は、まったく異なる表現形式なのだ。入念に推敲した文章で美しく書かれた原稿は、紙の上ではよさそうに見えても、声に出して読みあげると堅苦しく不自然なものになってしまう。

丸暗記もいけない、朗読もいけないとしたらどうすればいいだろう？

大丈夫。その方法もちゃんと教えよう。

スピーチの準備

スピーチ原稿は書いて作成すべきだが、そこにはちょっとしたコツがある。この手順を踏めば、自然なスタイルでスピーチをすることが可能だ。

1 アウトラインをつくる

30秒メッセージと同じで、目標、アプローチ、フック、締め文句を決める。30秒以上しゃべるためにはテーマをふくらませる必要がある。

2 スピーチ内容を原稿にする

アウトラインに沿って、伝えたい情報と要点をすべて入れながら原稿を書く。5W1H(何を、誰が、どこで、いつ、なぜ、どのように)を含めること。ただし完全な文書をつくるのではなく、ざっくりした草稿にしておく。

3 メモをつくる

草稿を書きながら、キーワードを小さいカードに一つずつ書き出しておく。言うべきことを思い出すためのものだ。草稿を書いているあいだは、そのカードを机に立てて並べておく。スピーチをするときには、カードを手の中にしのばせておこう。大きすぎると邪魔になるし、観客からも目について気になってしまうので、名刺よりひと回り大きいくらいのカードにしておくのが無難だ。それはあなたのロードマップになって、進みたい方向を教えてくれる。完全に書き上げた原稿ではなく、カードにしておくことによって、自分の言葉で自然に意見を述べられるという効果がある。

メモを使うときに注意すべきこと

メモをつくったら、スピーチのリハーサルをしよう。できるだけ何度も繰り返すこと。本番で自分で書いたメモが読めずに詰まったりしたら、聞いているほうが不安になってしまう。練習のたびにスピーチは変化するだろうし、**回数を重ねるたびにうまくなっていく**。

ただし、本番でメモに頼りすぎるのは考えものだ。ある政治家は、自分の父親について話すときもメモを見ていた。これではさぞ頼りない印象を与えただろう。

特に、スピーチを開始するときにメモを見てはいけない。少なくとも最初の二、三文は、メモに目を落とさずに言えるようにすべきだ。スピーチ冒頭のセリフは、今まさに自然に出てきた言葉として発せられなければならない（本当はスピーチ全体に当てはまるが、せめて冒頭だけでも）。誰かと会ったとき、挨拶して握手をしながらメモを見るなんて考えられないはずだ。

話しながらメモを見るのも最低限にすること。メモに目を落としたまま話し続けないこと。チラッと見たら目を上げて、聞き手に向かって語りかける。言いたいことを言い終わったら、言葉を切って観客を見る。

この短い沈黙は、要点を聞き手の思考にじっくりしみ込ませる効果がある。ずっと手元のメモに目を落としたままのスピーチでは、親しみが感じられず、声もくぐもり、主張も弱くなってしまう。聞き手に向かってしゃべるのであって、メモに向かってしゃべるのではない。

スピーチを締めくくるときもメモを見ないこと。メモは道具だ。あなたと聞き手との大事な関係を、メモに邪魔させてはいけない。

緊張するのは当たり前

演壇に上がってスピーチをする直前の人と会話をした経験があるだろうか？そのときには笑顔で、エネルギーにあふれ、フレンドリーだとしても、いざ登壇するとそうした人間味が消え、まるで機械のようになってしまう。ほとんどの人が、「フォーマルなスピーチではちゃんとしなければ」と思ってしまうのだ。

だがそれは間違っている。「スピーチをするのではなく、コミュニケーションをするのだ」と考えなくては！　**目の前の観客が何人だとしても、控え室でしゃべっていたひとりの相手と同じだと考えれば、スピーチはずっと楽になる。**

もちろん緊張はするだろう。どんなに経験を積んだ講演者でも緊張はするが、始めてしまえばそれも消える。準備して、整理して、リハーサルしたではないか。メモも準備したではないか。

緊張するんじゃないか、という緊張に負けてはいけない。

聞き手を引きつけるちょっとしたコツ

30秒メッセージでスタイルやイメージの印象が大事であるように、長いスピーチでもそれが重要な意味をもつ。

もしかしたら、30秒メッセージのときより重要かもしれない。何しろ観客は長い時間あなたを観察し、何らかの印象を受けとる。逆に言えば、よい印象を与える努力に長い時間をかけられる、という意味でもある。**スピーチとは一種のパフ**

オーマンスなのだ。

すでに本書で見てきたとおり、30秒メッセージでは、表情や仕草、動作、声の調子、外見など、非言語的な手掛かりが雄弁に語る。この法則は長いスピーチでも同じだ。肝心のメッセージから気が散ってしまうような非言語的メッセージは避けること。言葉と身体が矛盾する印象を与えるのもご法度だ。

一番大事なのは誠実かつ自然に、そして自分らしく見せることだ。そのうえで、効果の出やすいコツをいくつか教えよう。

つながりをつくる

笑顔やアイコンタクトを使って、スピーチを始める前から聴衆との結びつきをつくり出す。聴衆の頭の向こうを見るのではなく、聴衆を見ること。この人は私に話しかけているのだ、と全員に感じさせたい。聴衆がリアクションを示したときは、こちらもそれに反応する。気が散り始めていると察したときは、引き戻す努力をする。

仕草を意識しすぎない

仕草や動作で要点を印象づけ、強調する。ただし、仕草や動作が不自然だと逆効果だ。自分自身のエピソードを話しているとき、たいていの人は仕草を心配するのを忘れてしまうため、スピーチが自然になる。

「スピーチの最中、腕はどうしておけばいいですか？」という質問を受けたとき、私はよくムカデの小話をする。ある人がムカデに、歩くときはどの足から踏み出すのか、とたずねた。ムカデは考え、考え、考えて、そして二度と歩けなくなってしまったという。

自分の仕草や動作をよくよく観察するのは、リハーサルのときだ。鏡に映して見たり、友人や家族に見てもらって意見を聞いたりするといい。一番いいのはビデオに撮って自分で確認すること。

聞き手との壁をとりはらう

もし可能なら、本番では書見台やマイクを使わないでスピーチしてみよう。書見台というのはメモや書類を置く台のことだが、それが聴衆との壁になってしまう。また、会場の隅のマイクから流れる声は、自分の本当の声とはかなり違って響くことがある。状況が許す限り、書見台なしで聴衆の前に立ち、メモは手のひらに収めて、ときどき見るだけにしたい。そのほうが自由にリラックスして話せるし、聞くほうもリラックスして聞くことができる。

30秒ごとに変化をつける

変化をつけるというのは、スピーチにスパイスをきかせることだ。スパイスがない話は平坦で、退屈で、心に響かないので、聞き手からの人気を勝ち取れない。本書をここまで読んできたあなたは、人間の注意持続時間が30秒だということをよく知っているだろう。長いスピーチでも、聴衆の注意が持続するのは30秒。つまり、**聞き手の関心と注意を引きつけておきたいなら、30秒ごとに違うことをして、変化をつけていかなければならない**。

笑顔を見せる、仕草をまじえる、歩く、姿勢を変える、声に強弱をつける、しゃべるスピードを変える、沈黙をはさむ、ひっかけの問いを投げかける、ユーモラスに話す、感情を込めて話す——。変化をつける方法はたくさんある。

言葉や動きに変化をつけるのは、最初のうちは気恥ずかしく感じるかもしれない。だが練習すれば、元から備わっている才能のように駆使できるようになる。

過去の失敗をつかみにする

大勢の人の前で話すときは、信頼の確立を何より最優先にすること。それには、**自分の話は聞く価値があると思ってもらうことが大切だ**。最初に経歴を説明するのもいいかもしれないが、もっと効果的なのは聴衆の体験と関連する個人的エピソードを披露すること。あなたが役員会の会長でも、有名な宇宙飛行士でも、心臓手術の専門家でも、ひとりの人間であるという事実が伝わるようにする。

ある会社のバイヤーは、メーカーの人たちを前に、こんな言葉で信頼の土台を築いた。

「数年前、ある製品の売り込みを受けたのですが、あまりお得な値段ではないと

感じて断ったことがありました。ところがライバル会社が同じものを買いつけて、大儲けをしました。穴があったら入りたい思いでした！　でも、大事なことを学んだのです。値段が唯一の検討材料ではない、と。弊社が過去4年間、毎年連続でトップセラー商品を7品目も維持し、大きな儲けを得ているのは、このときの教訓のおかげです」

バイヤーは、自分の初期の失敗を紹介することで、今の実力を巧妙にアピールした。本人は、これを「人間らしく見せるテクニック」と呼んでいた。

スピーチ前の紹介も活用できる

ある程度の人数の前で講演するよう依頼された場合は、冒頭に司会者などがあなたのことを聴衆に紹介するだろう。内容は、事前に履歴書などを送って知らせておく場合もあるし、誰かが代わりにまとめてくれる場合もあるだろう。あるいは、講演直前に電話がかかってきて、手短に質問される程度かもしれない。いずれにしても、好意的に紹介してもらえるよう願うばかりだ。

だが、もっといい方法がある。二つの簡単な手間をかければ、紹介をスピーチの皮切りとしてうまく利用することができる。

一つは、誰が自分を紹介するか調べておくこと。講演の1日か2日前にその人に連絡をして、言ってもらう情報を説明しておく。

もう一つは、紹介の際に読み上げてもらう内容を自分で原稿にまとめること。できればこちらをオススメしたい。

私の友人でテレビ局の幹部だった人物は、よくテレビに出演してゲストの紹介をしていた。彼に「自分の紹介文を用意してきた人がいたら、気を悪くするかい?」とたずねたところ、「まったく気にしない」という返事が返ってきた。

「むしろありがたい。私の時間や手間が省けるし、その人も、自分が言われたいとおりに紹介されるわけだし」

紹介文は、自分が書く場合も、他人に書いてもらう場合でも、本質的には30秒メッセージと同じだ。30秒より長い時間をかけて紹介をするなら、それが一つのスピーチにもなる。基本のルールと戦略は一緒。上手な人は紹介の中にフックを仕込み、それをスピーチの切り出しにつなげる。例を挙げてみよう。

ナンシー・アダムスというPR会社の社長が、中小企業の経営者たちを前に講演する。テーマは「自社のビジネスに注目してもらう方法」だ。彼女はこんな紹介文を用意して、司会者に読んでもらうことにした。

「ビジネスに注目してもらうにはどうすればいいか。この街で誰かの意見を聞くとしたら、あなたは誰を選びますか？　きっとナンシー・アダムスが候補のトップに挙がるでしょう。ナンシー自身のキャリアも、始まりは小さな花屋でした。その花屋が成功した理由は、彼女が上手なPRの大切さをよく知っていたからです。現在はこの街ナンバーワンのPR会社を経営し、多数の中小企業をクライアントに迎えているほか、大手企業も何社か担当しています。すべてのきっかけになった花屋も、今も手放さず経営を続けています。それでは皆さん、ナンシー・アダムスの登場です」

紹介文を自分で用意したことで、スピーチをこう切り出すことができた。

「ＰＲ会社で接するクライアントと、花屋で扱っている花たちには、実はたくさんの共通点があります。どちらも、見せ方や飾り方によって、もっともっと美しくなるということです……」

この素晴らしいつかみで、ナンシーのスピーチは最高の滑り出しとなった。

スピーチの終え方

有名な舞台俳優が、こんなことを話していた。

「役を演じるのが大変だったことはない。難しいのは、ステージに出るときと、ステージを降りるときなんだよ」

これはスピーチにも当てはまる。絶妙な紹介文を用意し、うまいつかみを仕込んでおけば、前者の問題は解決できる。だが後者の、〝講演を終えて立ち去るとき〟はどうだろう？　どこで、いつ、どんなふうに話をやめればいいのかわからなくなってしまう人も多い。先ほどの役者のアドバイスによると、**コツは「もう少し聞きたい」と思わせているところでやめることだそうだ。**

スピーチは長くても10分か15分で収めるべきだと私は思っている。たとえそれより長くなるとしても、肝心なのは聴衆が「早く終わってほしい」と思う前に終わらせることだ。

もちろん文章の途中で打ち切るという意味ではないし、伝えたい要点をとりこぼしてはいけない。スピーチの準備の段階で、切り出しの言葉と締めくくりの言葉を考えて、それをしっかり記憶しておけばいいのだ。

その中間では話の広がりや自然な進行に任せ、話したいことを自由にしゃべってかまわない。だが、スピーチをするのはジョークを言うのと少し似ている。オチを台無しにするのだけは避けなくては！

スピーチの終わらせ方をしっかり心得ておけば、その目的地に向かって話を進めることができる。無事に最後の決めゼリフまで言い終えたら、笑顔で聴衆に感謝の言葉を述べ、そして着席すればいい。

このテクニックのまとめ

- 大勢の前でするスピーチは、30秒メッセージの延長版と考えればいい。
- スピーチのアウトラインをつくり、ざっくりした草稿を書き、ポイントだけを小さなメモに書き出しておくとよい。
- 大勢の前で話すときも、ひとりの相手に話すのと同じだと考えよう。
- 仕草や話のスピード、声の強弱で30秒ごとに変化をつけると、聞き手の注意を持続できる。
- スピーチの前の紹介も自分でつくれば、スピーチ全体をコントロールすることができる。

テクニック 3

さまざまな場面で使える30秒メッセージ

スピーチのあとは、よく質疑応答の時間が設けられる。30秒メッセージのテクニックは、ここでも理想的な効果を発揮する。スピーチで示した要点を補強したり、新しいポイントを紹介したり、説明したりするチャンスにもなる。

質問には主張で答える

質疑応答の一番わかりやすい例が記者会見だ。会見に臨む人は、まず自分が用意してきた簡潔な声明を発表する。そして司会者や進行役が質問をつのる。回答に困るほどさまざまな質問が出てくることも少なくない。発表した内容に関連して、さらに詳細なコメントや説明を求められる場合もあるだろう。そうかと思えば、まったく何の関係もない質問をされる場合もある。

そうしたシチュエーションをさばく秘訣は、とにかく慎重に準備するしかない。あらゆる質問を想定し、答えを用意しておく。だが、当然ながら、すべての質問とすべての答えを把握しておくのは不可能だ。

そういうときこそ、30秒メッセージの原則と戦略の出番となる。どんな質問が来たときも、答えたいポイントを口に出す前に、まずは頭の中で30秒メッセージの基本原則を確認してみよう。自分のメッセージの目標、聞き手、アプローチ、テーマを理解していれば、正確でダイレクトで堅苦しくならない効果的な答え、すなわち「正解」が見えてくる。

私は先日、ちょっと特殊なトレーニング・ワークショップを行った。参加者はFBI捜査官、主要都市の警察署長、スコットランドヤードの幹部など。彼らは詰問の腕にかけては一流だが、自分が質問に答えるのはそれほど得意ではない。

たいていは「ノーコメント」で通し、これといった発言はせずやりすごそうとして、かえって相手の好奇心に火をつけ、質問の集中砲火を浴びるハメになる。

ワークショップでは、答えにくい質問をうまくさばく戦略を教えた。第一に強調したのは、質問に答えるのは自分の意見を言うチャンスだ、ということ。できる限り正確かつ誠実に答えるのは当然だが、**その場を利用して、こちらの言いたい要点を伝えることができる**。

ある都市の公園で犯罪が頻発し、業を煮やした近隣住民が警察への抗議行動に出た。警察署長は話し合いに応じ、質問に答えることになった。ひとりの男性住民が、なぜ犯人がつかまらないのかと激しく糾弾する。署長は答えた。

「まだ証拠があまり見つかっておりません。ですが、全力を尽くして捜査しています。一帯のパトロールを強化し、街灯の設置状況も改善しました。公園は以前よりずっと安全になっています」

この答えは、怒れる住民が聞きたかった内容ではなかったかもしれない。だが署長は質問に答えるという機会を利用して、住民を安心させ、警察として伝えたい要点を述べたのである。

質疑応答をチャンスに変えるテクニックを学んで、彼らは変わった。会見は避けるものではなく、むしろ積極的に臨むものとなった。これは警察組織に限らず商談の場においても、社内の打ち合わせでも、あるいは監査機関から追及を受けたときでも同じだ。質疑応答を利用して、こちらの言いたい要点を伝えればいいのだ。

自分の主張に引き込む言い方

自分の要点を伝えるチャンスは、ありとあらゆる場面で見つかる。もし見つからなければつくってしまえばいい。

人事部の副部長、ジョン・コンウェイは、経営陣と労働組合の話し合いに向けて準備をしている。懸案の議題は難解で、専門用語が入ってくるため、ジョンは専門のコンサルタントを起用したいと思っている。上司の了承はとれるだろうが、上司は非常に忙しい立場なので、簡潔明瞭に希望を伝えなければならない。
そこで入念に30秒メッセージを準備し、伝えるべき最適なタイミングを待った。定例会議で上司から労使交渉について質問があれば、そのタイミングで希望を挙げるのがベストだ。準備は整っている。問題は、上司がその質問をしてくれなかった場合だが、その際にも使える戦略がある。
たとえば、ジョンの上司が「ところで、例の医療保険の報告書は進んでるか？」と聞いてきたとしよう。ジョンはこんなふうに答える。

「火曜にはお手元にお届けします。それと併せまして、次の組合交渉で話し合われる重大な議題についても一覧をつくりました。その件では、いくつか決めなければならない重大な問題があります。専門家のアドバイスがあったほうがいいと思いますので、コンサルタントの起用を提案したいのですが……」

最初の質問に答えつつ、巧みに話の矛先をすり替え、自分の言いたい要点に誘導している。こうしたチャンスは結構あるものだ。コツは、そのすり替え方にある。質問の答えから自分の30秒メッセージへと、巧みに話題をすり替えることができるセリフを紹介しよう。


「その点についてはわかりませんが、私から申し上げられるのは……」

「まったくおっしゃるとおりです。さらにつけ加えるとすれば……」

「その点は間違いありません。もう一つハッキリしているのは……」

「その件は明日でも大丈夫ですが、明日では間に合わない件もあります。それは……」

「私も同じ意見です。もう一つ、きっと同じ見解をもっていらっしゃると思う点があるのですが……」


この話題転換テクニックはとても簡単だ。特別な練習なしでも実践できる。最初はわざとらしく感じてしまうかもしれないが、何かをごまかすわけではないし、嘘をつくわけでもない。自分が伝えるべき要点をハッキリと正確に伝えている。むしろ、これこそコミュニケーションの王道と言っていいかもしれない。

電話に出てもらえる人になる

ビジネスにたずさわる人々は、みな一様に忙しい。電話に出ている暇がない、あるいは折り返す暇がないことが多いし、電話の相手が話の長い要領を得ないタイプであれば、なおさら電話をする気は失せるというものだ。

だが30秒メッセージのテクニックを身につけていれば、それもくつがえせる。**あなたがいつも的確に簡潔に用件を伝えるとわかっていれば、電話にも出てもらえるし、ただちに折り返してもらえるだろう。**あなたは要点を伝え、希望を通すことができるし、電話代の節約にだってなるというものだ。

商品を売り込む、面接を申し込む、打ち合わせのアポイントメントをとりつける、あるいは苦情を申し入れる――。どんな場合でも、ビジネスにかかわる電話は慎重に準備をしてからかけるべきだ。目標を見定め、聞き手（電話の相手）のことを把握し、アプローチを判断して、そうしてはじめて電話をかける。

話したい相手につながらなかったら？　秘書やアシスタントに「申し訳ありま

せんが、ただいま会議に出ております」「別の電話に出ております」などと言われ、「伝言をお預かりしましょうか?」と聞かれたら、もちろん頼むべきだ。

30秒メッセージそのものをことづけるわけにはいかないが、ここでも的確な伝言にしなければならない。**名前と連絡先に加えて、折り返す価値があると思わせられるように、秘書から確実に伝わる短い文章で用件を伝える。**

面識のない相手の場合、90%の確率で折り返してもらえない。ただし、何が望みなのか、話を聞けばどんなメリットがあるのかを伝えられれば、状況は大きく変わってくる。

セールストークにこそ最適

とはいえ、ほとんどの場合、電話はアポイントメントをとりつけるための布石にしかならない。売り込みは直接会ってするものだ。

そして**セールストークほど、30秒メッセージのルールと言語的・非言語的テクニックを活用すべき場はない。**

有能なセールスパーソンは売り込む前に、目標と聞き手とアプローチをしっかり把握している。商品知識も豊富で、それが客にもたらす利点を具体的に特定し、自分の要望も具体的に口に出す。1回の売り込みで成約につなげられなかったとしても、最低限、次のアポイントメントをとりつけ、そのときは完璧な売り込みができるよう全力を傾ける。

ダグはエアコンメーカーの営業部員だ。外回りのついでにある会社に立ち寄ったところ、たまたま購買部部長のルーミス氏が会ってくれることになった。ルーミス氏とは前から面識があり、いつもは忙しく飛び回っていることも知っている。だが、挨拶を交わしたダグは、「今日は売り込みをするにはタイミングが悪い」と察した。翌日にきちんとアポイントメントをとり直せないだろうか。ダグは急いで頭を働かせ、こんな30秒メッセージをつくった。

「社内の気温が仕事に影響することはご存じだと思います。研究によれば、社内の気温が一定の範囲で保たれていると、社員の生産性が向上するのです。仕事に対する満足度もアップします。弊社の新しいエアコンを導入されれば、エアコン

の元をとってあまりある利益につながりますよ。しかも、他社のエアコンにはない特徴が二つあります。ぜひ、弊社の新しいシステムのデモをご覧に入れたいので、明日もう一度うかがってもかまいませんか？」

このトークは購買部部長の心をつかんだ。ダグは次のアポイントメントを取ることに成功し、最終的には見事成約にもち込んだ。

とはいえ、セールスパーソンと客の会話は、たいていの場合30秒よりもっと長い時間がかかる。ほかの社員をまじえた打ち合わせをしたり、ときにはお酒や食事をともにすることもある。だが、期間、ビジネスの内容、シチュエーションを問わず、適切なタイミングで繰り出す30秒メッセージがセールスパーソンの武器となることは変わらない。要点を伝え、印象づける最高の武器だ。

メッセージを繰り返してもかまわない。言葉を言い換えたり、毎回少しずつ異なる表現方法に変えたりすれば、必要な範囲で30秒メッセージを何回打ち出しても大丈夫だ。反復は広告では一般的なテクニックである。キャッチコピーや商品名を何度も繰り返して消費者の思考に浸透させる。

ビジネスでも同じ効果を発揮できるが、ただ反復するのではなく、30秒メッセージのありとあらゆるテクニックや戦略を駆使して、バラエティ豊かな手段で要点を伝えること。そして最後に忘れてはいけないのは、**売り込みも基本的には双方向型の会話であるということ。**こちらの要点を伝えたら、相手から質問があるかもしれない。そこでも30秒メッセージを生かして質問に答え、さらにこちらのポイントを強調するのだ。

退屈な会議も有益なものに変わる

会議が長すぎる、多すぎる、退屈すぎる……。そう思った経験が一度もない人など、私はひとりも会ったことがない。**ビジネスの会議や打ち合わせが退屈で要領を得ないものになるのは、決まって参加者の準備不足のせいだ。**

網羅したい範囲が広すぎたり、話し合いたい案や課題が多すぎたり、展開する選択肢が多すぎたり――。会議の前に要点を絞っておき、重要な争点だけを的確に話し合い、論理的な答えが出るようにしなければならない。会議には必ず特定の議題があるのだから、そのための準備をするのは招集し進行する人の役目だ。

30秒メッセージの基本原則は、こうした議論の場でも有効である。まず、会議で何を達成したいのか、目標をハッキリ打ち出す。次に、目標を達成するにはどんな方法があるのか、アプローチを見定める（場合によっては複数の方法で実現を試みることになるだろう）。そのうえで本題となる議題を話し合う。最後に参加者に対する要求を示す。そのためには、**進行役が会議のアウトラインを事前に提示し、参加者それぞれが検討し準備をして臨めるようにすることだ**。

ときには会議前後の宿題が必要となるかもしれないが、長期的には、参加者全員の時間、そして経費を大幅に節約できる。

たとえば、会議招集にあたって目標と議題を簡潔に記した1ページの予定表を配布しておけば、かなりスムーズに進行するはずだ。

会議によっては、議論すべきテーマがもっと幅広くなることもあるだろう。非公式に進めたり、雑談を通して検討したほうがうまくいく場合もある。そうした場合でも、自分が発言する番が来たときは、要点を30秒以内でまとめることだ。

正しいタイミングを見極める

童話には、よくこんな話が出てくる。貧しい少年がひょんなことからお金持ちを助け、褒美に仕事を与えられる。一生懸命働いて評価され、主人の娘と結婚し、最後は自分自身が大富豪になる。

ビジネスのコミュニケーションでも、幸運が大きな役割を果たすことは少なくない。たとえば、何とか接点をもちたいと前々から手を尽くしていた相手と、たまたまエレベーターやレストランなどで鉢合わせするかもしれない。偶然を演出することもできるが、たいていの場合は運だのみだ。

そんな幸運が訪れたとき、チャンスを生かす準備ができていなければならない。自分の目標はわかっているし、伝えるべき相手も目の前にいる、という場面がきたときのために、30秒メッセージという武器に装弾しておくのだ。

ただし、その武器の使い方を心得て、場合によっては使わずに様子を見るべき場面も見極めなければならない。

ジャック・マーシャルという男が、妻をともなって会社の食事会に参加した。社長も夫人とともに出席している。ジャックには社長が興味を示すであろうアイデアがあるが、はたして今はそれを切り出すのにふさわしい時と場所だろうか。

これは慎重に下すべき判断だ。ピッタリのタイミングをつかむには、社長のほうからその話題を切り出すのを待ったほうがいい。社長がジャックの部署の進捗について話題を振ってきたら、それが最高のタイミングだ。

幸いにもその瞬間が訪れ、社長の注意が彼に向けられた――さて、その注意はどれくらい持続するだろう？　ジャックがもたついたり目標が不明確だったりすればチャンスは失われ、おそらく社長からの評価も下がってしまう。押しが強すぎて社長を困らせるのも逆効果だ。

だが、入念に準備した30秒メッセージを伝えることができれば、彼の未来が変わるかもしれない。ジャックはこのタイミングを逃さず行動を起こした。

「すべて順調です。実はちょうど先日、業務をスピードアップするための新しい手順を試してみました。試験運用の結果、確実な効果が出ることが証明できまし

た。経費と時間の節約になります。ぜひ詳細をご説明申し上げたいので、のちほど面談の予約をとらせていただけますでしょうか」

社長は笑顔でうなずき、自分の秘書に予定を聞くように、と指示した。

このシチュエーションで、ジャックは自分がもっていた材料と、社長から話しかけられたという偶然のチャンス、その両方を生かした。正しい判断をして、準備もできていた。面談の約束をとりつけ、新しい作業手順を提案して採用され、彼の案は見事に全社的に導入されたのだ。

乾杯の挨拶で失敗しないたった一つのコツ

乾杯は、予定というよりその場の流れで行われることが多い。だがそれが重要な場面なら、ぜひとも事前に準備をしておきたいものだ。

私の友人で、外国に駐在している政府職員の女性が、その国の要人の誕生会で乾杯の音頭をとることになった。彼女が大変世話になった人物だ。ぜひともパーフェクトな乾杯の挨拶をしたい。
そこで彼女は、本書の読者ならおなじみの基本原則を確認し、30秒以内にまとめることにした。目標を見定め、その場の参加者のことを把握し、アプローチを決める。そしてフックを考え、テーマを話し、効果的なセリフで締めればいい。
友人が述べた乾杯の挨拶は、こんな具合だった。

「赴任したばかりの私は、見知らぬ国にやってきた一介の外国人でした。自国のために赴任し、自国のために働いていました。けれどこの国にあたたかく迎えられ、理解され、この国の美しさと愛情深さを知りました。今の自分は見知らぬ国にいる外国人という気はしていません。このように私を迎えてくださった方に、ぜひお礼を申し上げたいと願っておりました。その方の誕生日をお祝いできて、本当に誇らしい思いです。心からの感謝を込めて、乾杯の挨拶といたします」

この例は晴れがましいシチュエーションだが、悲しい場面で乾杯をすることもあるだろう。そんなときでも――ときには、悲しい状況だからこそ――ユーモアが乾杯を成功させる場合がある。

私の古い友人が亡くなったときのことだ。ハリウッド史に残る有能なエージェントで、数々の名優を世に出した。上等なレストラン、美しい芸術作品などを愛し、人生を謳歌した人だった。どんなことでも最高の品質を求める人だった。

訃報を受けて彼の家に集まった友人たちは、みな一様に悲しく厳粛な雰囲気を漂わせていた。だが故人の妻は、夫が友人たちの悲しそうな様子は望まないとわかっていたので、立ち上がり、グラスをかかげて乾杯の挨拶をした。

「フィルのために乾杯しましょう。どこにいても話題の中心だった人です。ちょうど今のようにね。きっと喜んでいますよ」

短い言葉だが、私はこの挨拶を生涯忘れないと思う。

乾杯の挨拶は、基本的には心に訴えかけるものだ。気取ったり、えらぶったりする必要はないのだから、明るく挨拶をすればいい。大事なのは気持ちを込め、誠実に述べることだ。準備してあった場合でも、あるいは突然に乾杯の音頭をとらされた場合でも、効果的な乾杯をするための最大のルールは、自分の気持ちを素直に表現することなのである。

このテクニックのまとめ

- 質問に答えるときも、矛先を巧みにすり替えることで、自分の主張を伝える機会にできる。

- 仕事で電話をかける際も、事前に目標と聞き手、アプローチを決めておくこと。

- 電話で相手につながらなかった場合は、かけ直したいと思わせる伝言を残す。

- 30秒メッセージは、セールストークにこそ真価を発揮する。

- 30秒メッセージを活用するために、常に準備をして偶然の機会も逃さないようにすること。

おわりに

友人が実践した〝究極の30秒メッセージ〟

私の友人チャーリーは、アヴァという名前の魅力的な女性に恋をしていた。相思相愛だったのだが、チャーリーはなかなか結婚を申し込むことができずにいた。そこである日、彼女をランチに誘い、ロサンゼルス・メモリアル・コロシアムに連れて行った。1984年のロサンゼルス五輪の会場となった西海岸最大級の競技場だ。

競技場の広大なフィールドの真ん中には、テーブル1台と椅子2脚がちょこんと置かれている。給仕長がふたりを案内し、料理長が挨拶をして椅子を勧め、それぞれの席の後ろにウエイターがひとりずつ控えているほかは、人っこひとりいない。空席の観覧席に周囲を囲まれ、まるで砂漠の中の小さなオアシスのようだ。

テーブルに並ぶのは美しい皿、グラス、カトラリー一式。出てくるのは野球観戦名物のホットドッグではなく、オードブルのキャビアとシャンペン。スフレ、サラダ、さらにシャンペン。デザートを待っている時間に、チャーリーがアヴァの注意を正面の巨大な電子掲示板に向けた。

あらかじめ打ち合わせしておいたとおりに、チャーリーがグラスを掲げて合図をする。すると電子掲示板が急に点灯し、文字が浮かび上がった。

「愛するアヴァ、結婚してください」

答えはＹＥＳ。ふたりはその後、ロサンゼルスでずっと幸せに暮らしている。

チャーリーのプロポーズは、もちろん、前々から入念な準備をしてあったものだった。だが本番は30秒以内。30秒以内で、彼は運命の伴侶を口説き落としたのだ。

本書をここまで読んできたあなたにも、もう30秒メッセージのテクニックが身についている。話は30秒でまとめよう。あとは実践あるのみだ。

青春文庫

30秒《びょう》で人《ひと》を動《うご》かす

2020年 4 月20日　第 1 刷

著　者　ミロ・O・フランク

訳　者　上《うえ》原《はら》裕《ゆ》美《み》子《こ》

発行者　小澤源太郎

責任編集　株式会社プライム涌光

発行所　株式会社青春出版社

〒162-0056　東京都新宿区若松町 12-1
電話 03-3203-2850（編集部）
03-3207-1916（営業部）
振替番号　00190-7-98602

印刷／大日本印刷
製本／ナショナル製本

ISBN 978-4-413-09751-2

ほんとうのあなたに出逢う　青春文庫

自分を救ってくれる魔法の言葉

「積極的に孤独になる。心を癒すために」……読むだけで心に残る。口にすると行動が変わる。エネルギーが内側からわいてくる言葉。

植西　聰

(SE-748)

日本史の真相に迫る「謎の一族」の正体

〝血脈の物語〟を知れば、もっと日本史が好きになる！　明智氏、安曇一族、仏師集団・慶派……秘められた栄枯盛衰の物語。

歴史の謎研究会［編］

(SE-749)

99％が気づいていない大人の勉強力

人生を変える〝鬼〟法則100

無理せず、最高の結果が出せるのには、理由があった！読むだけで、頭が突然冴えわたる本！

ビジネスフレームワーク研究所［編］

(SE-750)

30秒で人を動かす

聞き手の注意を引き、心をつかみ、要点を伝え、要求を通す――。そのすべてが30秒で実現可能！

ミロ・O・フランク

(SE-751)